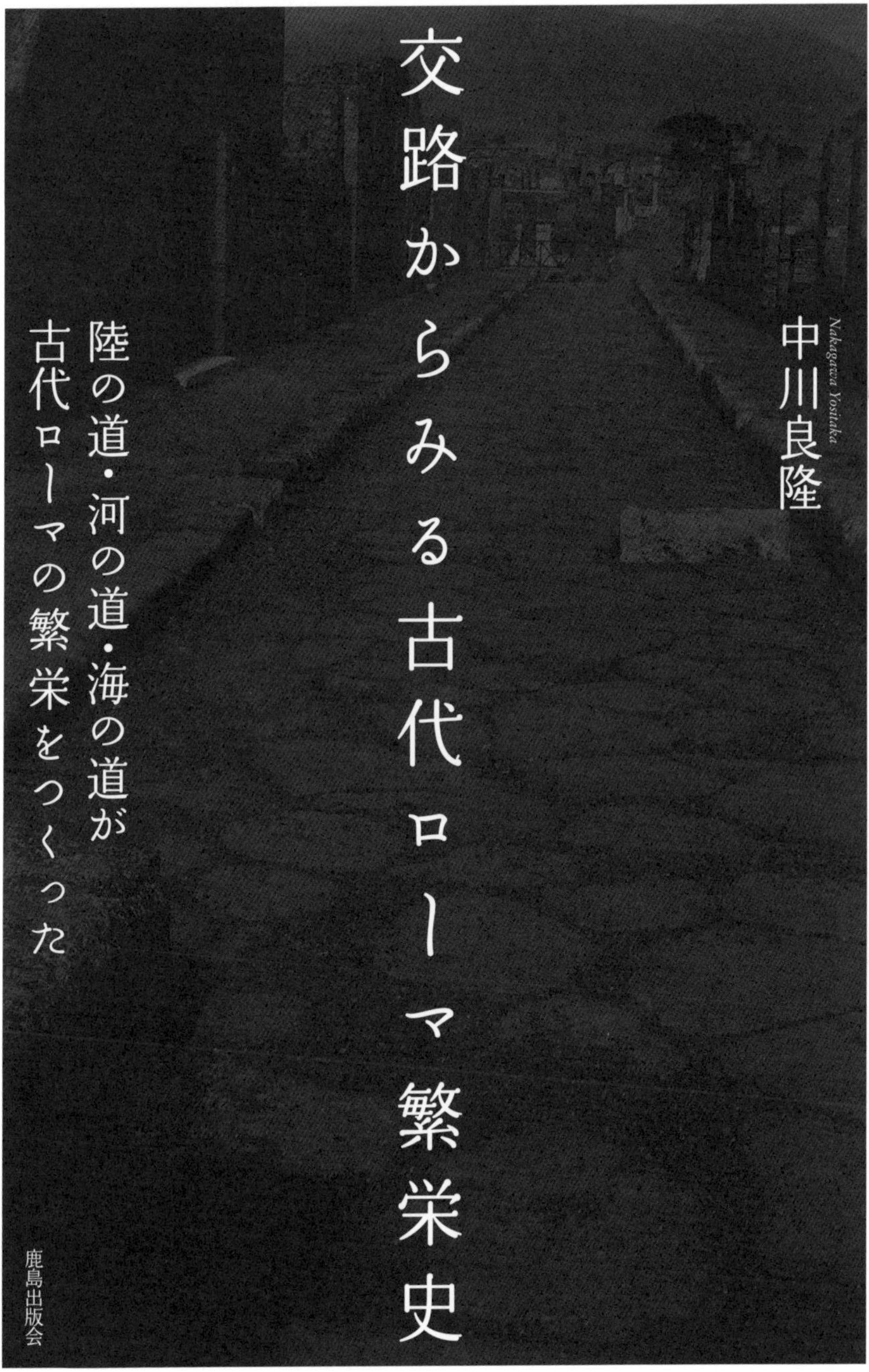

Nakagawa Yositaka
中川良隆

交路からみる古代ローマ繁栄史

陸の道・河の道・海の道が
古代ローマの繁栄をつくった

鹿島出版会

交路からみる古代ローマ繁栄史　目次

緒言

「すべての道はローマに通ず」というラ・フォンテーヌの有名な言葉がある。ローマ帝国内、北は英国のヨークやロンドンから、ドーバー海峡を経て、南はエジプトのアレクサンドリアやアスワンまで。東はティグリス河畔のクテシフォンから、西はポルトガルのリスボンまで、一五万キロメートルにも及ぶローマ街道。そのうち八万キロメートルは舗装道路である。それらの道が首都ローマに通じ、ローマの繁栄に役立っていたという意味である。

ローマ帝国は、現在のＥＵを凌ぐ大領土を、五〇〇年もの間保持していた。なぜそのようなことが可能であったのだろうか。帝国の維持に軍事力は勿論必要であった。さらにローマ帝国は大領土であるがゆえに、生産地と消費地が偏在し、それらを結びつけること、すなわち人と物資の移動のための交易路が不可欠である。その結果、移動を効率的に行うために、情報網の整備も重要であった。

主食の穀類は、エジプトやカルタゴをはじめとした北アフリカから、大消費地の首都ローマに、年間二〇万トンも運ばねばならなかった。その三分の二は、アレクサンドリアから二〇〇〇キロメートルもの長距離外洋帆送で運ばれたのだ。ワインやオリーブ油は、スペインやフランスなどの地中海沿岸地方から。衣服等に使う羊毛は英国やドイツ、綿や麻はエジプトやシリアから。ローマの金持ちを魅了した絹は、陸や海のシルクロードを通って、一万キロメートルも離れた中国から。香料は海路や陸路を通って、アラビア、インドやセイロンから運ばれた。工業製品や水道に不可欠な鉄や鉛等の鉱物は、英国、スペイン等から運んでいた。特に首都ローマの水道を例に取ると、一日一〇〇万立方メートル、現代日本人の一人当たり使用量の三倍を上回る清冽な水を供給していたのだ。この都市内配水に、鉛管が使われていた。そのため大量の鉛の輸送が必要であった。

このような物資の移動に、水陸の交易路が不可欠であった。交易路が確保できなければ、ローマ帝国は成り立たなかったのである。ダンカン・ジョーンズの研究によれば、ローマ帝国時代の輸送コストは、「海上：河川：陸上＝一：四・九：二八」で、道路輸送は圧倒的に不利であった。したがって、大量の物資の輸送には、海路をいかに効率良く使うかが問題であった。では、一五万キロメートルにも及ぶローマ街道は、何のために使用したのであろうか。

古代ローマは覇権国家であった。強力な軍事力が国の要であることは間違いない。しかし強力な軍事力は両刃の剣である。軍隊は常に国の指導者に従順かといえばそうではない。歴史上、軍による反乱や政府転覆の事例は枚挙にいとまがない。また国家財政上、軍の維持には莫大なお金が掛かる。『古代ローマを知る辞典』によれば、二世紀中頃から三世紀初頭、国家ローマの歳出の七〜八割が軍事費用である。軍事費の削減、すなわち軍隊の有効配置が最重要であった。したがって、領土拡張期以外、特にハドリアヌス帝（在位一一七〜一三八年）が領土拡張政策を放棄してからは、戦勝による略奪・賠償金や奴隷の獲得は期待できなくなった。外敵や内乱に対抗できる最低限の軍隊の規模が良いのである。

そのためにも、軍団を定置させるのではなく、迅速に移動できる道が不可欠であった。もし素晴らしきローマ街道がなければ迅速な移動が困難となり、軍隊の数は倍増したのではないだろうか。迅速な移動のために、正確で速い情報の取得、すなわち情報網の整備が欠かせない。それが駅伝／郵便制度である。軍隊の移動、情報の伝達にローマ街道は威力を発揮したのである。

一方、物資を運ぶ海上交易。ローマ人は「陸の民」と言われるように、海は得手ではなかった。そして海上交易は、高位のローマ人は従事すべからざるものとしていた。これが紀元前二一八年の「三〇〇アンフォーラ（約一二・九トン）以上の荷を積める船舶の保有を、元老院議員及びその子弟に禁止する法律」である。この法律はこれ以降、首都ローマでは帝政時代も遵用された。さらに地方レベルでも、都市の元老院に相当する市参事会の議員に適用された。元老院議員や市参事会議員は名誉ある特権階級なのだから、一攫千金を企てるような海上交易の仕事をせず、額に汗を流す、国の基本である農業に精を出せ、ということなのである。このような状況下で、穀物をはじめとした大量の物資をどのように輸送したのであろうか。

また、大量の物資が地中海を行き交うと海賊が出没し、首都ローマの糧道を妨げるようになった。こうしてローマの為政者は食糧の確保のため、海賊退治に血道を上げることになる。その結果、一個人に非常時大権を付与することとなった。この大権が共和政の崩壊、すなわち帝政ローマの誕生の引き金となったのだ。結果的に海賊がつくった帝政ローマともいえるのである。

あらゆるもの、すなわち、人・物・情報が、首都ローマに集められた。街道を通り、川（河道）を通り、海（海道）を通りローマへ運ばれ、また逆のルートで各地に運ばれた。これらの道がその威力を発揮するためには、街道では、ハードとして堅牢な舗装道路や車両そして、旅宿・里程の整備など。ソフトとして、地図・ガイドブックや駅伝／郵便制度、および山賊討伐等が必要である。

河道や海道では、ハードとして船舶や港湾施設、灯台の整備など、ソフトとして地図・航海術・ガイドブック、さらに海賊討伐等が挙げられる。そして、これらがシステムとして有機的に動かなければならない。陸の道、水の道によりローマの繁栄が長く続いたのである。

筆者は著書『水道が語る古代ローマ繁栄史』で水道によるローマの繁栄を述べた。そして「パンとサーカス」という、主食と娯楽の提供とそれに対応した植民市政策が、ローマの繁栄を維持したものと考えている。水と主食、そして娯楽の提供、植民市政策だけでは国の繁栄は維持できない。物資や人・情報を運び、軍隊を迅速に移動出来る陸の道、水の道が必要なのである。

本書は、陸と水の交易路とはどのようなもので、いつ、どうしてつくったのか、そして古代ローマの繁栄にどのように結びついたかという疑問を解明することを主眼としている。

第一部の「すべての道はローマに通ず」では、街道が古代ローマの繁栄にどのように結びついたのかを説明する。

ローマ街道は「軍用道路」と言われ、最初のアッピア街道は軍事用を目的として、紀元前三一二年に建設された。第一の疑問は「軍事用道路を基本としたローマ街道を、なぜ建設したのか。そして、その要件とは何か」である。

では、ローマ街道は、有史以来初めての素晴らしい舗装道路であったのだろうか。「古代ローマ以前の各国の道路は、どのようなものであったのだろうか」が第二の疑問である。

古代ローマは、街道を使って効率的な領土拡張や防衛を行い、それが五〇〇年にも及ぶ繁栄に繋がったと言われている。第三の疑問は「軍隊を増やさず国家統治・防衛をするために、ローマ街道をいかに有効に使ったのか。そして、効率的に街道を使用するための情報網の整備をどのように行ったのか。マイル標石や地図はどのようなものなのか。さらに人々は街道を使い、いかに旅を楽しんだであろうか」である。

ローマ街道は平地ばかりを通っているわけではない。山あり谷ありである。したがってトンネルや橋もつくらなければならない。それらの中には、二〇〇〇年後の現在でも使用されているものもある。設計や工事の技術が素晴らしかったのである。橋やトンネルも含めた「道路建設の技術とは、どのようなものであったのだろうか」が第四の疑問である。

第二部は、広大な領土の隅々に大量の物資を運んだ「水の道」について説明する。古代ローマは広大な領土のため、生産地と消費地が偏在している。そのため、長距離水上輸送が必要となった。そうなると櫂走というわけにはいかない。帆走である。帆走の場合、順風が得られる季節を選ばねばならない。そこで、主要食糧の「穀物やワイン・オリーブ油、そして羊毛や金属鉱物を、どこから、いつの季節に運んだのだろうか」が第五の疑問である。

これらの主要物資を長距離帆走で運ぶ船の規模はどの程度で、所有は官か民か。第六の疑問は「古代ローマの船と運航者は、どのようなものであったのだろうか」である。

そして、これらの貨物船を安全に運航するための「航海で必要な港と灯台、地図やガイドブック等のインフラはどのようであったのだろうか」が第七の疑問である。

地中海を中心に大量の物資が運ばれると、海賊が跋扈《ばっこ》するのは世の常である。いかに古代ローマ人が海賊退治に知恵を絞ったのか。そしてそれが帝政移行の原因と言われている。最後に第八の疑問、「海賊征伐が帝政ローマをつくったというのはどのようなことか」を説明する。

おわりに、道とローマの繁栄の関係について述べる。

第一部

すべての道はローマに通ず

第一部では「すべての道はローマに通ず」と言われたローマ街道について紹介する。

第一章
ローマ街道の意義

人類はアフリカに起源を持つと言われている。アフリカからユーラシア大陸を通り、一万数千年前に陸続きであったベーリング海峡を渡り、アメリカ大陸に達した。この移動路は、獣が通った踏み跡の道であった。

時代が変わり、定住と農耕を基本とした古代文明が生まれた【図1】。ティグリス・ユーフラテス川を中心としたメソポタミア文明が紀元前三五〇〇年頃、ナイル川河畔のエジプト文明が紀元前三〇〇〇年頃、インダス川近傍のインダス文明が紀元前二五〇〇年頃、黄河を中心とした黄河文明が紀元前二〇〇〇年頃に生まれた。これらの年代には不確かなものもある。

文明の興った地域は居住民が増大し、仕事の分化により、生産と消費が分けられ、必然的に人や物資の移動が必要となった。そこで、陸上交通のための道路、そして水上交通のための船と航路がつくられた。これらの交易路は自然発生的につくられ、改良・改修が行われていたため、その発展・改良に尽くした人々を特定することは困難である。しかし、国家の繁栄のために交易路のシステムをつくった人物の名前は残っている。それらの人々にもスポットライトを当てながら、この章では、第一の疑問「軍事用道路を基本としたローマ街道を、なぜ建設したのか。そして、その要件とは何か」について説明する。

図1　古代四大文明位置図

首都ローマの立地

古代ローマは、紀元前七五三年、伝説の王ロムルスにより建国されたと言われている。ロムルスの祖先は、トロイアから脱出したアエネアスの子孫と考えられている。この時代、すでに地中海世界はフェニキア人やギリシャ人が活躍しており、シチリアやイタリア半島の海岸部に、これらの国々が植民市を建設していた。一方、半島内部ではエトルリア人（ローマ北方に居住）が勢力を拡げていた。紀元前五〇〇年頃、共和政初期、都市国家ローマは、東西五〇キロメートル、南北二〇キロメートルという小さな国でしかなかった【図2】。我が国で最も小さい県、香川県の一八八〇平方キロメートルにも及ばなかったのである。

このような小国から大帝国への発展に、ローマ街道は寄与したのである。それは何故であろうか。そのヒントを、ティトゥス・リウィウス（紀元前五九年頃～一七年）は『ローマ建国史』に、「神々や死すべき人間がここをわれわれの都市建設にふさわしい場所として選んだのには、理由がないわけではなかった。空気の良い丘に恵まれ、内陸部の生産物や海外からの輸入商品を運んでくれる川の存在だけでなく、海さえも不便をなんら感じないほど近くにあり、しかも外国艦隊が押し寄せてきても危険が及ばないだけの距離は保たれている。イタリアのまさに心臓部に位置したこの土地は、こうしたすべての長所によって、世界のどの場所にもまして発展を約束された都市と定義するにふさわしい土地なのである」と記している。

地理的に海に面していないため、海洋国家フェニキアやギリシャの侵略の対象にならず、しかもテヴェレ川の存在により、海外からの産品の輸入に便利であった。大帝国誕生の地理的要件を満たしていたという訳である。しかしこのような条件を満たした土地は、地中海沿岸にいくらでもあったのではないだろうか。この要件は発展のための必要条件で、十分条件ではなかったのだ。十分条件の一つに、ローマ街道や河道・海道があった。それは、ローマの植民市等と、首都ローマとの軍事・交易のためである。特に街道は軍事と国家統治、河道・海道は物資の移動、交易に大きな役割を果たしたのである。

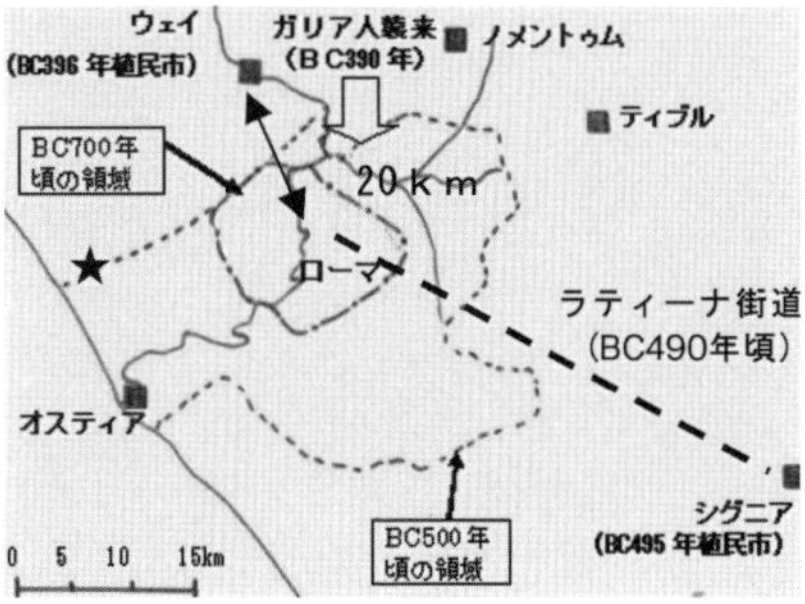

図2　紀元前500年頃の共和政ローマ領土

フェニキア・ギリシャの植民市建設の考え方

では、この時代の植民市とはどのようなものであったのだろうか。フェニキアやギリシャ、そしてローマの植民市は、母体となる都市が領土を周辺に拡大するという形態ではなく、全く異なる場所へ飛び地的に、新たな都市国家をつくった。後の植民地主義とは異なり、古代の植民市は独立した都市国家、あるいはそれに近い形態として運営されたのだ。

その例が、フェニキアの植民市のカルタゴやカディス、ギリシャの植民市のシラクーサである【図3】。これらの植民市は後の

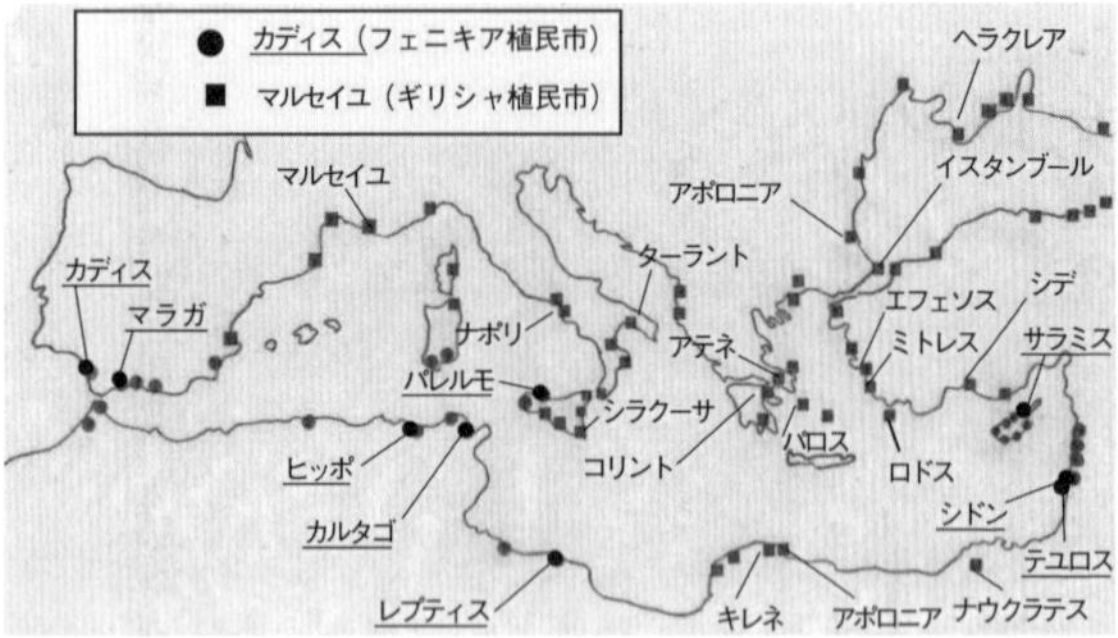

図3　フェニキアとギリシャの植民市

ローマの植民市とは大分違い、本国と通商や文化の面では深く繋がっていたが、政治的、軍事的な面では、密接に結びついていなかった。彼らの母国の土地は狭く、農業のみでは生計が立たなかったためである。したがってフェニキア人やギリシャ人は海洋民族となり、海上交易が容易な天然の良港を持つ地域を植民市としたのである。

特にフェニキア人は、植民市カディスが示すように、金属資源等の獲得や中継貿易を営んだ。したがって、母市との繋がりは希薄なものとなり、植民市が成長し、母市を追い抜くこともあった。その良い例が、ポエニ戦争の雄、カルタゴである。カルタゴはフェニキアのテュロスの植民市であったが、テュロスを追い抜いてしまった。

『フェニキア人』を著したグレン・E・マーコウは、「フェニキア人は領土によって定義される国民ではなく、商人の集合体だった。彼らの帝国はひとつながりの地面ではなく、あちこちに散らばった商人コミュニティの寄せ集めだった。土地ではなく海上交易が、彼らの領分と定義していた」と記している。また、ノーベル文学賞受賞者のドイツの歴史家、テオドール・モムゼンは、「フェニキア人の最も本質的な特徴として、国家的な意識の欠落ということ」があると記述して、フェニキア人には国家意識が欠けていることを指摘している。

一方、ギリシャの植民市は、ギリシャ諸都市国家の食糧危機からの農民移住という側面もあり、最大の都市国家アテネの主導という訳ではなかった。和辻哲郎が著書『風土』でローマ水道とアテネの水道を比較して述べているように、アテネはローマ水道のような大水道網をつくろうとはしなかった。したがって、ギリシャ諸都市国家には、都市国家の域を脱して集権大国家をつくるという発想はなかったのだ。このため、ギリシャ植民市も母市との繫がりは交易・文化面以外それほど強くなかった。海洋民族は風まかせ、波まかせで「飛び出したら鉄砲玉」という考えが強く、母市と植民市の繫がりのことをあまり考えていなかった。

このことから、フェニキアやギリシャの植民市は、通商のための海上交易路は別として、母市と緊密性を高めるための陸上交易路や軍事用道路をつくるという発想はなかった。彼らは、ローマ人のように道路を必要とした陸の民ではなく、大海原を道とした海の民であった。それが、海洋都市国家群で終わるか、中央集権を基盤とした大帝国を築くかの大きな分かれ目となったのだ。

古代ローマの植民市建設の考え方

陸の民である古代ローマ人は、フェニキア人やギリシャ人とは発想が全く違った。植民市と首都ローマの繫がりは、交易や自治の面はさておいて、軍事的な面が強固であったのだ。つまり、植民市では手に負えない軍事面を、首都ローマに依存した。

古代ローマ人は闘争心に富み、建国以来領土を拡げ、植民市をつくってきた。例えば、紀元前四九五年には、ラティーナ街道に接するシグニアの町がローマの植民市となった。この町は、ローマから五〇キロメートル離れている【図2】。この時点でのローマの影響範囲よりも大分離れた町であった。植民市をつくるということは、侵略であり、平和的ということはあり得ない。町を取ったり、取られたりを繰り返したのである。そして、未開の土地に移住・開墾ということではなく、大きさは別にして、集落のあった所にローマ市民が移住したことが多い。新たに開発するにはインフラ整備が大変であるから、既に集落のある所に植民した方がだいぶ効率は良い。そうすると、元々住んでいる人々との共存共栄が必要となる。敗者同化政策である。

共和政初期から中期にかけ、市民徴兵制で構成されたローマは、侵略的であっても、いまだ圧倒的な武力を持ってはいなかった。紀元前三九六年に、一〇年にもわたる戦争、そして最後は、今まで行ったことのない冬季戦闘まで実行して、やっとエトルリア人の有力都市ウェイを攻略した。この戦いの司令官カミルスは、市民兵酷使や使途不明金の嫌疑でローマを追われてしまった。これが大失敗であった。

ローマにとって、北方の防壁とも言えるエトルリア人都市ウェイがなくなると、勇猛なガリア勢力に直接対峙せざるを得なくなってしまった。有能な司令官カミルス追放を機に、紀元前三九〇年七月、ローマは北方よりガリア人に攻め込まれてしまったのだ。七ヶ月間の占領と、略奪の限りを尽くされた。最後には、四五〇キログラムの金を支払うことでガリア人に退去を懇願するという、不名誉な記録を歴史に残すことになってしまったのだ。もっともカミルスの独裁官復帰により約束は踏み倒してしまった。ちなみに、その次にローマが占領されたのは、帝国衰退期の四一〇年、西ゴート王アラリクスによるローマ大略奪の時である。八〇〇年もの間、首都ローマは安泰だったのである。

このガリア人によるローマ占領を契機に、名誉心の強いローマは、武力を固めて外に出て行き、植民市づくりに一層注力した。「攻撃は最大の防御なり」である。そうしないと首都ローマは安泰を保てないと考えたのだ。

では、どのように植民市づくりを行ったのか。共和政ローマ(紀元前五〇九〜紀元前二七年)には、紀元前一〇七年のマリウスの軍制改革まで常備軍的な軍隊がなく、戦争がある度に徴兵市民軍団が形成されていた。共和政ローマは征服した町に、まず三〇〇人程度のローマ市民団を一種の守備隊として送り込み、彼らを核として植民地化するのが通例だった。その核となる市民団も常備兵ではない。

植民市の住民は、軍事は強要されたが、その他の面では自由裁量が多かった。反乱等を起こさなければ、決して奴隷にされたり財産没収ということはない。しかし、植民市はローマにとって国土防衛の処点であることは変わりなかった。首都ローマと植民市の間の強固な結びつきを可能にするため、軍事用道路兼交易路が不可欠となった。その具体的事例が、アッピア街道である。「植民市を取ったり、取られたり」への対策なのだ。

なぜ軍事用道路・アッピア街道を建設したのか

取ったり取られたりの対策とは、どのようなものなのか。ローマ人のつくった記録に残る最初の計画道路が、紀元前三一二年に建設されたアッピア街道(現在の国道七号線)である。監察官(ケンソル)のアッピウス・クラウディウス・カエクス(紀元前三四〇〜紀元前二七三年)が、カプアまで約二〇〇キロメートルの道路を敷設した。監察官とは、戸口調査(現在の国勢調査：センサス)を行ったり、公共事業の契約や風紀の監督を行ったりする官職である。ちなみに都市カプアは、スパルタクスの反乱

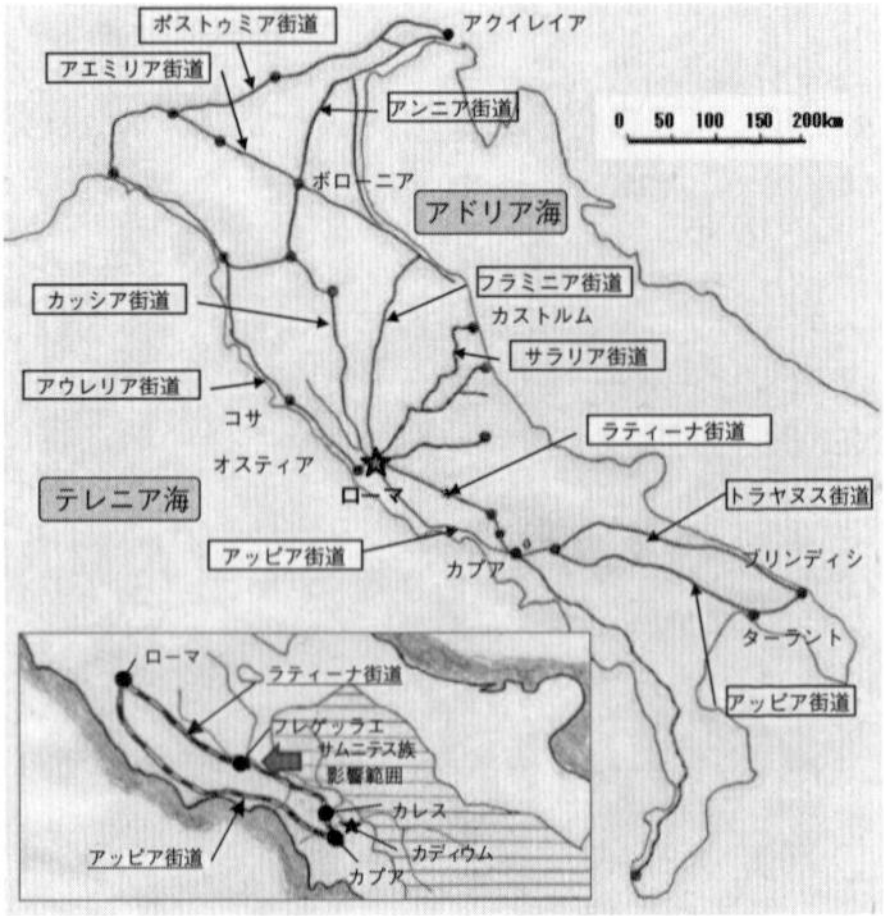

図4　ローマ街道位置図

（紀元前七三〜紀元前七一年）が起きたところ。内陸部の交通の要衝の地で、現存する二番目に大きい円形闘技場があるほど繁栄した町である。アッピウスは、サムニテス人との戦争のために、わずか一年で街道を建設した。自然発生的な道路ではなく、計画的な軍事用道路であったのだ。

サムニテス族とは、イタリア半島の脊梁山脈、アペニン山脈の南部に住む山岳民族である【図4】。ローマとサムニテス族は、紀元前三四三年から紀元前二九〇年までの間に断続的に三次の戦争を行った。つまり、ローマは勇猛な山岳民族の戦術に手を焼いたということである。第二次の戦いにはエトルリアの諸都市も反ローマで参戦した。この戦いで苦戦したローマ軍は、エトルリア人から重装歩兵戦術を取り入れ、さらにサムニテス族からはマニプルス（歩兵中隊）の運用術を学んだ。ローマ人は良いものは敵のものでも取り入れる、模倣の天才である。戦術における模倣の最高傑作は、第二次ポエニ戦争ザマの会戦（紀元前二〇二年）である。ローマの将スキピオが、カルタゴの将ハンニバルの戦法「包囲殲滅作戦」を真似たことである。この戦勝がローマ隆盛の出発点ともいわれている。

紀元前四九〇年頃には、ローマ〜カプア間の陸側、リーリー川沿いにラティーナ街道が建設されていた【図4】。この地域はもともと山岳民族・サムニテス族の影響域であった。誰がどのように建設したのかは不明であるが、昔から、村々を繋ぐ道があり、それを整備したものであろう。

　共和政ローマは、第一次サムニウム戦争（紀元前三四三～紀元前三四一年）の戦勝により、カプアを中心とするカンパニア地方を手中にした。そして、紀元前三三四年に都市カレスをローマの植民市とした。さらにローマは、紀元前三二八年、リーリー川の中流部にある都市フレゲッラエに、植民市を建設した。ローマから南東に約九五キロメートルに位置する都市である。これに反発したサムニテス族との間に、第二次サムニウム戦争（紀元前三二七～紀元前三〇四年）が勃発した。次の年の紀元前三二六年、ギリシャ植民市であったネアポリス（ナポリ）は、サムニテス族の駐屯兵を追い出し、ローマ人を呼び入れたのだ。

　こうなると、ローマ軍は強気で傲慢になってしまう。そこに落とし穴があった。紀元前三二一年、ネアポリスから北東に三〇キロメートルのカディウムの隘路で、サムニテス族の待ち伏せ攻撃を受け、ローマ軍は屈辱的敗戦を喫した。人質の提供と、甲冑を脱ぎ、白い単衣のまま槍ぶすまの間を通り抜ける、捕虜の辱めである「軛門をくぐる」という不名誉な条件を呑み、撤退したのだ。その結果、紀元前三一六年まで休戦が行われ、植民市フレゲッラエはサムニテス族に取り戻されてしまった。名誉心の強いローマ軍は必死に挽回を考えた。そして紀元前三一六年に再度戦端が開かれ、紀元前三一三年にローマ軍はやっとフレゲッラエを奪回した。このように、ラティーナ街道沿いの町を取ったり取られたりしたのである。

　このような状況の下、共和政ローマの為政者は、奪回した領土の防衛を考えたのである。まずローマとしては、カプアをはじめとするカンパニア地方への軍事的補給路を緊急に確保する必要があった。そうしなければ、味方となったこの地方の諸都市が離反する恐れがあったのだ。しかし、ラティーナ街道沿い、特に南部に近い地方はサムニテス族の影響範囲であり、安心して軍隊の移動や物資の輸送ができる状態ではなかった。そこで、ラティーナ街道を補完する役割として、サムニテス族の影響の及ばない海側の地域にアッピア街道をつくったのである。これでラティーナ街道とアッピア街道で相互に補う道路網となった。当然、両街道を繋ぐ道路もつくられたのであろう。

戦時下の補給道路といえば、数十キロメートル程度まで、それも四〇キロメートルとか五〇キロメートルと想定するのが普通であろう。例えば戦国の武将・武田信玄がつくった軍事用道路、上杉謙信との戦いを想定して作った棒道は三〇～四〇キロメートル程度である。しかしアッピア街道は二〇〇キロメートルもある。付け焼刃の補給路でなく、将来をも見越した複線道路をつくってしまったのだ。それも僅か一年で。ともかく南イタリアを確保しなければならない。古代ローマ人の稀有壮大さでもあろう。

緊急につくったため、当初、路面は砂利を敷いただけのものであったが、紀元前二九五年頃に石で舗装されたとのことである。ローマ軍は、アッピア街道を使ってサムニテス族を打ち破り、紀元前三〇四年には第二次サムニウム戦争を勝利で終結させた。その後、アッピア街道はローマの拡張とともに、紀元前二九一年にはタレントゥム(ターラント)まで、紀元前二六四年にはアドリア海に面しギリシャへの渡船場となったブリンディシにまで延伸した。ここに、ローマ街道の最大の特徴である複線化した軍用道路を初めて確立したのである。「必要は発明の母」とは、このことである。

アッピア街道をつくったアッピウス・クラウディウス・カエクスは、同じ紀元前三一二年に、ローマ初の水道、延長一六・六キロメートルのアッピア水道もつくっている。その時、彼は二八歳の監察官であった。ローマ繁栄の基をつくった、街道と水道の元祖である。俊英であったのであろうが、弱冠二八歳の若者に国家の大事業を二つも同時に任せたこと、及び、サムニウム戦争とは直接関係ない首都ローマのインフラ整備を同時並行的に遂行した、為政者の人を見る目と将来を見据えた考え方に、古代ローマの凄さを感じる。

ここで、アッピア水道を紹介する。ローマ水道は一一本の幹線水路で、総延長五〇〇キロメートル余もあり、日量一〇〇万立方メートル以上の清冽な水をローマ市に供給した。その第一号のアッピア水道は、水源の泉を一五メートルも地下深く掘り下げ、そのほとんどがトンネル。当時人口六万人弱の首都ローマに、一日当たり約七万立方メートルの水を供給していたのである。サムニウム戦争の最中にでも、首都のインフラ整備に力を注いだ。もの凄い余裕である。

アッピア街道は、笠松並木で象徴される街道の美しい風景とともに、ローマ街道第一号ということで「街道の女王」と呼ばれている。それを表すように、オットリーノ・レスピーギ作曲の交響詩『ローマの松』の第四部の曲名は『アッピア街道の松』である。「アッピア街道の霧深い夜明け。不思議な風景を見守っている離れた松。果てしない軍隊行進の足音の静かな休みないリズム」を表しており、その情景が目に浮かぶような素晴らしい曲で、一度聴かれることをお勧めする交響詩でもある。

もう一つ話題を付け加えると、映画にもなった『クォ・ヴァディス』で、聖ペトロがローマでの迫害から逃れる時にイエスと会ったとされる場所は、アッピア街道沿いのドミネ・クォ・ヴァディス教会が建つ所である。その場所は、ローマの城壁の聖セバスティアーノ門を越え、街道を八〇〇メートルほど下った所である。この近辺は郊外レストランが多数あり、美味しいワインが飲める所でもある。

アッピア街道建設前後の道路

アッピア街道以前には道路がなかったのかというと、そうではない。集落ができ、交易が行われれば、陸上や水上交易路がつくられる。特にローマが植民地政策を始めると、道路が必要になった。その例を挙げると、ローマ最初の植民市と想定される、テヴェレ川河口の都市オスティアと結ぶ延長三〇キロメートルのオスティア街道は、建設年不詳であるが、最も古い部類に入る。

軍事・交易目的で、カプアまで続く延長一八〇キロメートルのラティーナ街道（ラティウム地方への道の意味）が、紀元前四九〇年頃建設された。ローマ北東の都市メンターナと結ぶ延長約三〇キロメートルのノーメンターナ街道の建設が紀元前四四九年頃。オスティアの塩をサビーニ人の国に運び、さらにアドリア海岸のアンコーナまで二九〇キロメートルのサラリア街道は紀元前三六一年頃建設等、これらの道路は、アッピア街道のように計画的に建設されたものではなかった。

ここで興味があるのは、古代ローマ人がいつから道路について規格をつくったのかである。ローマ人は王政（紀元前七五三〜紀元前五〇九年）が始まった頃より、法で国を治める考え方があった。伝説の初代王ロムルスの時に元老院をつくったと伝えられている。建国の当初から、システムとして国を治める考えがあった。そして、アッピア街道建設より実に一三八年も前の紀元前四五〇年に、初の成文法、十二表法を制定している。その中には「道路の直線部は二・四メートル幅。

曲線部は四・八メートル幅」と道路幅の規定が盛り込まれている。「道路は規格化すべき」との考え方を、既に紀元前五世紀半ばに持っていたのである。それだけこの時代にはすでに道路が多くあったということであろう。

　また、ローマ街道の多くが国道(Strada Statale)に変わっている【表1】。古代ローマ人は偉かったというのか、路線の設定は、いつの時代でもあまり変わらないものなのだ。

国道名	街道名	建設時期(紀元前)	区間
1号	アウレリア	241年頃	ローマ～ジェノヴァ
2号	カッシア	154年	ローマ～フェレンツェ
3号	フラミニア	220年	ローマ～リミニ
4号	サラリア	361年頃	ローマ～ポルトピチェーノ
5号	ティブルティーナ	アッピア以前	ローマ～ティヴォリ
6号	ラティーナ	490年頃	ローマ～カプア
7号	アッピア	312年	ローマ～ブリンディシ
8号	オスティア	アッピア以前	ローマ～オスティア
9号	アエミリア	187年	リミニ～ピアチェンツァ
10号	ポストゥミア	148年	クレモナ～アクイレイア

表1　ローマ街道とイタリア国道

　同様の事が、アルプス越えの道路でも行われている。必要とはいえ、二〇〇〇年も前にアルプス越えのローマ街道を一〇本近くもつくった。日本アルプスを越える峠道としては、針ノ木峠や三伏峠があったが、車両の通行はできなかった。ローマ街道では一体どの程度の交易があったのだろうか。古代ローマ人のもの凄いエネルギーを感じる次第である。

　ちなみに、イタリアに高速道路ができたのは、ムッソリーニが首相の時代(一九二五～四三年)である。それまで二〇〇〇年間も、ローマ街道は主要道路の位置を保ち続けていたのだ。

ローマの軍事用道路の必要条件

　ローマ街道の基本的特徴や構造はどのようなものであったのだろうか。マルコム・フォーブスが『技術の歴史』に「ローマ人はその心情において最後まで農民であった。彼らの精神は科学的ではなかった。彼らの科学は大部分がギリシャのものであるか、あるいは、ギリシャの魂を吹き込まれたものであった。……その現実的で実用的な見解から、彼らはしばしば古代のアメリカ人と呼ばれる」と記しているように、道路建設においても、ローマ人には独創性があったわけではない。当初はクレタやメソポタミアの道路構造や建設方法を模倣した。しかし結果として、目的達成のために現代に伝わる素晴らしい道路網、道路交通システムをつくってしまった。

目的とは何かというと、幹線道路を軍事用として第一に考えたことである。前記したように、ローマ帝国時代の輸送コストは、「海上：河川：陸上＝一：四・九：二八」で、道路輸送は圧倒的に不利であった。しかし、道路による移動の優位性は、なんといっても定時性の確保である。長距離の水上輸送の場合、帆走となるので、風に恵まれなければならない。季節によっては逆風や強風で航行ができないこともある。一方、陸上交通の場合、道路の構造が堅牢であれば、多少の風雨でも移動可能である。したがって、道路は有事の情報伝達や軍隊の移動には、最も頼りになるものである。また道路は、軍事のみならず、交易にも利用することができる。

アッピア街道の事例からわかるように、ローマ街道は軍事用道路の性格が強い。では、軍事用道路としての要件とはどんなものであろうか。基本的には目的地に敵軍よりも早く、天候等の障害があっても確実に進軍できることである。そのための必要条件は以下の通りである。

・大雨や大雪でも「ぬかるみ」や「わだちぼれ」等が発生せず、行軍が妨げられないよう、敷石等で舗装した堅牢で、十分幅のある道路。一列縦隊ではなく、二列・三列縦隊が可能な道路が、行軍の速度を早めることができるのである。例えば、三万人の兵士が一列縦隊・一メートル間隔で歩くとすると、延長三〇キロメートル。先頭の一団が次の宿営地に到達してもまだ、最後尾は元の宿営地を出発できないことになる。よって、主要道路は、三列の行軍が可能なように三メートル程度の幅は必要である。
・敵軍等からの妨害の障害が発生しづらい道路。ここでの障害とは、基本的に町である。町の中は渋滞することがあり、軍隊の高速移動を妨げることが多い。また、古代ローマの都市は、基本的に城壁と城門で囲まれた城郭都市である。城門を閉じてしまえば、道路交通は寸断されてしまう。敵方に町が占拠されれば、容易に道路は遮断される。さらに城郭都市は、地形を頼みに、山上や丘の上につくられることが多い。高速進軍のために、平坦性や直線性を求めるローマ街道にはそぐわない位置に都市が多い。したがって、現在の高速道路のように、街道は直線性・平坦性を確保して、都市にはランプウェー（自動車専用道路出入口）からの専用道路。この考え方はペルシャの「王の道」を踏襲している。「王の道」については、第二章で詳記する。

首都ローマは人口密度が高く、昼間は馬車等の車両乗り入れを禁止せざるを得なかった。まず人口密度の高さが問題である。首都ローマの範囲、アウレリアヌス城壁内の面積は約一四〇〇ヘクタール。この広さは東京の墨田区に匹敵する。ローマの人口は一〇〇万人。一方、墨田区は二〇一〇年に二四万人。彼我の差は四倍である。当然、昼間の町は人であふれるのだ。

ローマ人は、昼間に町を歩くことが好きであった。毎日の仕事は、昼過ぎに終わることが多いため、午後の時間は見世物の観劇・観戦や公共浴場での癒しで過ごしたのだ。首都ローマでは、多くの人々は「インスラ」という高層アパートの二階以上に住んでいた。一階は家賃が高いので、金持ちしか住めない。金持ちの住む一階には、水道や水洗トイレもあった。しかし二階以上には水道もトイレもない。外に出ないと用も足せないのである。そうなると、人々は家にいるよりも、

図5　首都ローマの浴場と見世物施設位置図

町に繰り出す。

剣闘士闘技・戦車競走の観戦、演劇鑑賞は無料であった。総合レジャーセンターとも言える共同浴場(テルマエ)の料金は、四分の一アス(二五円相当)と安い。そして、これらの入場には男女や身分の差別がなかった。これでは薄汚い我が家で過ごすよりも、娯楽や、癒しとなる入浴のために外に出てしまうのは当然のことである。

では、娯楽施設や癒しの施設はどのくらいあったのか。首都ローマでは、五万人収容のコロッセオをはじめとした円形闘技場が三ヶ所。一五万人収容のキルクス・マクシムスをはじめとした戦車競走場が四ヶ所。一万五〇〇〇人収容のマルケルス劇場をはじめとした円形劇場が三ヶ所もある【図5】。さらにジムや博物館・図書館・散策路も付き、一時に三二〇〇人収容可能なディオクレティアヌス浴場をはじめとした大型公共浴場が一一ヶ所。小型の浴場・バルネアは九〇〇ヶ所以上あったと言われている。そうすると、昼間、人々は町に繰り出し大混雑。そこへ馬車や荷車が登場となると、輪をかけた大混乱となってしまう。

この人々の混雑ぶりを、「健全なる精神は健全なる身体に宿る」や「パンとサーカス」の言葉を残した風刺詩人、ユウェナリス（六〇〜一三〇年）は、『風刺詩集』三篇に描写している。「通りの混雑した曲がり角での車の行き交い……われわれはいくら急いだところで、前にいる人の波につかえてしまい、あとから来る群集はこれまた大勢で腰を押してくるのだ」。こんなことでは軍隊が急行したり、急用の郵便馬車が走行したりしたら、さらに大混乱となってしまう。

そこでカエサルは、紀元前四五年の「ユリウスの地方自治法」で、ローマ市内への昼間の一般車両乗り入れを禁止した。例外は公共建設工事・公共の行列や凱旋行進・神官等の車両である。アウグストゥス帝が創設した近衛軍団の兵舎も、アウレリアヌスの城壁の北東端にある【図5】。近衛軍団の行進は、城壁の周回道路を通り、ローマ市内中心部に入らなくとも済んだのである。

ローマ帝国は数多くの植民市をつくった。そこでは、退役兵をはじめとした住民に、首都ローマ並みの生活ができるように、公共浴場や見世物施設を完備した。メリダのような、いわゆる小ローマを各地につくったのだ【図11】。植民市は城郭都市である。人々の暮らしが首都ローマ並みとなると、昼の道路も首都ローマ並みに大混雑。そこで、急を要する軍団行進や郵便馬車は、町を迂回できるようにした。

ローマ街道は、建設だけで一〇〇〇年間。その後、現在まで一五〇〇年以上の歴史があり、その間に街道と町の関係は様々に変化したはずである。しかし、軍事用を主に考えれば、主要道路は都市を通過しない「王の道」に似たものになる。

•敵軍の妨害や不通箇所発生でも目的地に到達できるように、複数経路の確保が必要である。アッピア街道の建設は、ラティーナ街道のみではサムニテス族との戦争遂行に支障をきたすために建設した複線化の事例である。これはローマ人の天才が創造したものである。ちなみに東の端、中国の秦では、紀元前二一〇年頃同じように街道の複線化が行われた。覇権国家が国の経営、つまり戦略を考えれば、行き着く方法は、誰が考えても同じになるのだ。

・行軍には、投石機等の重量物を運搬するため、直線で勾配の緩い道路が求められた。この時代の車両は車軸が固定され急旋回ができないため、道路線形は直線形状が望まれた。必要な場合は、トンネル・橋梁・盛土、さらに湿地帯では、杭基礎による地盤改良も行われた。その事例として、ポッツオーリの延長最大約一〇〇〇メートルを含めて三本のトンネル【図36】、全長約一二〇〇メートルのドナウ川のトラヤヌス橋【図32他】や、約八〇〇メートルのメリダのローマ橋【写真14】がある。

・長距離を往来する伝令者や旅行者のため、宿泊・飲食や馬の交換、馬車の修理が可能な宿場が必要である。ローマ以前の代表例はペルシャの「王の道」である。

誰が道路の建設・維持管理をしたのか

道路の建設は国家ローマ、すなわち軍隊が行った。ゆえに道路の名称は、それを指揮した皇帝・執政官（コンスル）・監察官（ケンソル）の名前が付けられたものが多い。皇帝名を付けている例が、アッピア街道の補完としてベネベントとブリンディシの間に建設されたトラヤヌス街道。執政官の名前を付けているのが、ヒスパニアからガリアを通過するドミティア街道。ガリアのリヨンとアルルを結ぶ、アウグストゥス帝の右腕と称された執政官アグリッパの名前を付けたアグリッパ街道。監察官の名前を付けているのが、首都ローマから発するアッピア街道・アウレリア街道・フラミニア街道等である。その他に、塩の運搬で名付けられたサラリア街道。通過地方を示すラティーナ街道。目的地を示すオスティア街道やカッシア街道がある。

街道や橋梁に建設者の名前が刻まれた凱旋門も数多く残されている。その事例が、ガリアのオランジェに残るアグリッパ街道の凱旋門。ヒスパニアのアルカンタラ橋【写真13】の凱旋門には、「トラヤヌス帝に捧げる」との記述と、建設技師のガーユス・ユリウス・ラケルの名前が刻み込まれている。また一マイルごとに置かれたマイル標石には、建設者・補修者や寄付者の名前が刻まれることが多い。ともかく、巨大建造物に名前を残すことは名誉あることなのだ。なぜなら、その構造物がある間、その名がずっと残るのであるから。特に古代ローマ人は名誉心が強いので、その心をくすぐれば、街道をはじめとした公共インフラの建設や維持管理の資金の寄付も増えるというものである。

維持管理は属州の義務であり、属州総督の仕事であった。基本的に、補修費用は道路に面した土地が民間所有であれば、民間負担。神殿や公共建設物であれば、公共負担。相半ばしていれば、官民折半となっていた。これも十二表法に記載されている。紀元前五世紀の中頃には、道路をつくったらどう管理するかということまでを決めている。ともかく役割分担を明確にしているのだ。

どの街道にも管理委員がいて、修理費の段取りをし、有力市民の贈与や税金が充てられた。有力ローマ市民は、施恵思想（エヴェルジェティズム）で公共施設建設・修理費用や剣闘士闘技等の娯楽の提供を期待されていた。しかし、いくらローマの金持ちの懐が豊かであったからといって、あれもこれもと資金を提供できたのだろうか。筆者は、道路の補修費用の多くは軍団兵の労働、すなわち国費で賄われていたのではないかと推測する。その理由は以下の通りである。

・属州総督の仕事は主に、属州における課税・財政運営・司法・軍事統括および道路等公共インフラの維持管理である。したがって、総督には、インフラの維持管理義務と軍団統括権限があったため、時間のある時には、軍団にインフラの維持管理工事をさせたのではないだろうか。軍団兵の給料は年給であり、国家負担であった。基本給は、戦争しても、暇だからと遊んでいても同じであるのだから。

・属州内の幹線道路の当初の建設は、軍団によるものが多い。すると、維持修繕時には元施工ということで、当該道路についての情報を沢山持っている軍団兵に施工させるのが効率的である。現在でも、補修工事には元施工業者を優遇する考え方がある。したがって、軍団兵を補修工事に当たらせることは、自然の流れである。何しろ軍団兵は抜群の土木技術があるとともに、常時、行軍のための兵站《へいたん》部隊を持ち、遠隔地での作業もお手の物であったのだから。

・ローマの中央政府としては、軍団兵に暇を与えないことが肝心と考えていたのではないだろうか。軍事の無い時には、訓練と建設工事をさせ、謀反を考える暇を与えない。軍団兵が反乱を起こした事例は、枚挙にいとまがないからである。

例えば、第五代皇帝ネロの死後一年間に、四人の皇帝が擁立された。事の起こりは、ガリア属州総督ウィンデクスによるネロ帝への反乱である。それに乗じたのが、タッラコネンシス(現在のスペイン南西部)属州総督で一軍団を支配下に置いていたガルバ。彼が第六代皇帝となった。そして、次に皇帝になったのが、ネロ帝の友人であったオト。第七代皇帝となったが、彼は軍団を持っていなかったので、政権を維持できなかった。続いて反乱を起こしたのが、下ゲルマニア軍司令官ウィテッリウス。彼はガリア・ブリタンニア・ラエティア属州を味方に付け、第八代皇帝となった。そして動乱の一年を収めたのが、ユダヤ属州総督であり、同地域の三軍団の指揮権を持っていたウェスパニアヌスである。彼は東部属州軍団の支持を得て、第九代皇帝となった。

属州総督や軍団司令官は、軍事力を背景にローマ皇帝に楯突くことも可能であった。帝国への反乱を起こさせないためには、属州総督および軍団に不平不満を持たせないことである。属州総督は、皇帝や元老院による任命であるので、首のすげ替えは困難ではなかった。では、軍団に不平を持たせないようにするには、どうするのか。

国土防衛期で外敵侵入の恐れが少ない時は、軍団は暇である。訓練ばかりしているわけにはいかないであろう。すると「小人閑居して不善をなす」となり、反乱を企て、総督や軍司令官を皇帝に推挙し、恩賞を授かろうという魂胆が持ち上がる。そこで訓練がてら、道路等インフラの補修工事を、隊ごとに競わせたのではないだろうか。戦闘でも、良い働きをした隊や兵士は表彰された。建設工事でも同様であった。その表彰に、金持ちの寄付金や税金が使われた。表彰され、金品を得ることができれば、名誉を重んじるローマ軍人は、謀反を企てることも少なくなったのではないだろうか。

道路建設については、誰が行ったのかの記録は数多く残っているが、補修工事の実行者の名前はマイル石碑に記される程度で、あまり残っていない。これは現在の公共構造物でも同様である。

『ローマ皇帝伝』アウグストゥス編によれば「国家の管理をなるべくたくさんの人が負担するように、新しい官職を創設した。公共建築管理委員、国道管理委員、水道管理委員、河水溝管理員、穀物配給委員、都警長官……」と記され、アウグストゥス帝が道路管理の専任官を設けたことがわかる。

写真1　ドミティア街道

また『神君アウグストゥスの業績録』には「第七次執政官のとき（紀元前二八年）、フラミニウス（フラミニア）街道の首都からアリミヌム迄の区間を、そしてミルウィウス橋とミヌキウス橋を除き、すべての橋を修復した」と記されている。フラミニウス街道は紀元前二二〇年に建設され、首都ローマからアドリア海岸のアリミヌムまで約三〇〇キロメートルの距離がある。いくら皇帝アウグストゥスが金持ちでも、軍団兵を使わず、全額私費で建設請負業者を雇ったとは考えられない。軍団兵への恩賞等に、皇帝私費を使ったのであろう。

このフラミニウス街道は、アウグストゥス帝以前に補修が行われたかの記録は残っていないが、筆者の推測では、初めての補修であったのではないだろうか。ローマ街道【図21、23、24】と我が国の高速道路【図25】の構造を比較すると、同程度の耐久力と想定できる。しかし道路に載る車両荷重は大幅に違うのである。高速道路では二五トントラック、日交通量も数千から数万台を想定している。

一方、ローマ時代の馬車等の車両の荷重及び台数ははるかに少ない。ただし、馬車等の車輪には鉄板が巻かれたので、ドミティア街道のように敷石が擦り減る【写真1】（わざわざ溝を掘っている箇所もある）。したがって、交通荷重により表層がわだちぼれにより損傷を受けることはあっても、それ以下の部分が損傷を受けることはなかったのであろう。ローマ街道は非常に耐久的であったのだ。

第二章

ローマ帝国以前の諸外国の道路網

共和政ローマは、アッピア街道を嚆矢として、堅牢でシステム化したローマ街道網をつくった。では、ローマ帝国以前、世界各国の道路はどのようであったのだろうか。道路の使用形態は、古来より歩行、車両走行、牛馬等の移動、重量物移動に分けられる。またその目的は軍事用、連絡用、交易用、儀式用等である。

ここでいう重量物移動とは、主にピラミッドやコロッセオ等の建設のための石材運搬用道路である。ピラミッドの石材は一個二・五トン程度であり、そりに乗せて運搬された。したがって、運搬路は堅牢でなければならない。また、古代社会では祭礼が多く執り行われ、神官等の祭列が静々と進む道には、大理石等磨かれた石版が求められたのであろう。さらに郵便・通信用道路は、いつでも使用できる、ぬかるみやわだちぼれの少ない、堅牢な道路でなければならない。これらの要件は古今東西不変である。

「模倣の天才」と言われる古代ローマ人は、先例を模倣して改良も加え、繁栄の基礎となる壮大なローマ街道をつくったのである。この章では、「古代ローマ以前の各国の道路は、どのようなものであったのだろうか」という第二の疑問について解明する。

古代エジプトの道

古王国時代（紀元前二六八〇年頃～紀元前二一八〇年前後）に、ピラミッド・スフィンクス等の巨石構造物の建設が行われた。これらの巨石の運搬にはそり等が使われた。我が国で城の石垣建造のための巨石運搬用に使用された「修羅」に相当するものである。このため運搬路は堅牢なものでなければならない。運搬物の重量で道路がめり込んでは、仕事にならないのである。古代エジプトでは、レンガ舗装が行われていた。

また、ツタンカーメン（在位紀元前一三三三年頃～紀元前一三二四年頃）の墓から出土した二輪馬車（ルクソール博物館）【写真2】は、車輪にスポークが付いており、少々の軟弱路も走行できるように、車両の軽量化を図っている。

写真2　ツタンカーメンの二輪馬車

重量物対応の運搬路の補強や、軟弱路に対応できる車両の開発等、現代人が考えそうな工夫を、既に四〇〇〇年以上前に行っているのである。いつの時代でも、要求があれば、知恵は出るものなのだ。

クレタ島の道

クレタ文明は紀元前二〇〇〇年頃、最初の宮殿がつくられ、紀元前一六〇〇年頃には最盛期を迎えた。図6に示すように、道路の両側に排水溝がつくられていた。道路は踏み固められた地盤の上に、粘土と石膏で固められた約二〇センチメートルの砕石を使用した下層コンクリート、その上に六センチメートル程度のローム・モルタルをクッション材として、厚さ六センチメートルの石灰岩や玄武岩等の石版で舗装した。石膏モルタルやローム・モルタルにより道路の一体化を図ったのである。四〇〇〇年後の現在でも、舗装版の割れは少ない。既にこの時代には、接着材による道路の一体化と、積層による舗装道路の考えがあったのだ。古代ローマの技術者も顔負けの素晴らしい技術である。

下半身が牛で上半身が人間という怪物、ミノタウロスが住んでいたという、迷宮クノッソス宮殿。四キロ平方メートルもの敷地のみならず、島内の幹線道路が石版舗装されていたのである。さらにその線形は真っ直ぐを基本として、対応できない所だけ地形に合わせていた。まさにローマ街道の手本である。古代ローマよりおおよそ二〇〇〇年も前に、高度な舗装技術があったのだ。地中海交易による富の成せる技であろう。建設技術とは、お金と材料の運搬手段があれば、かなりのことが大昔からできたのである。

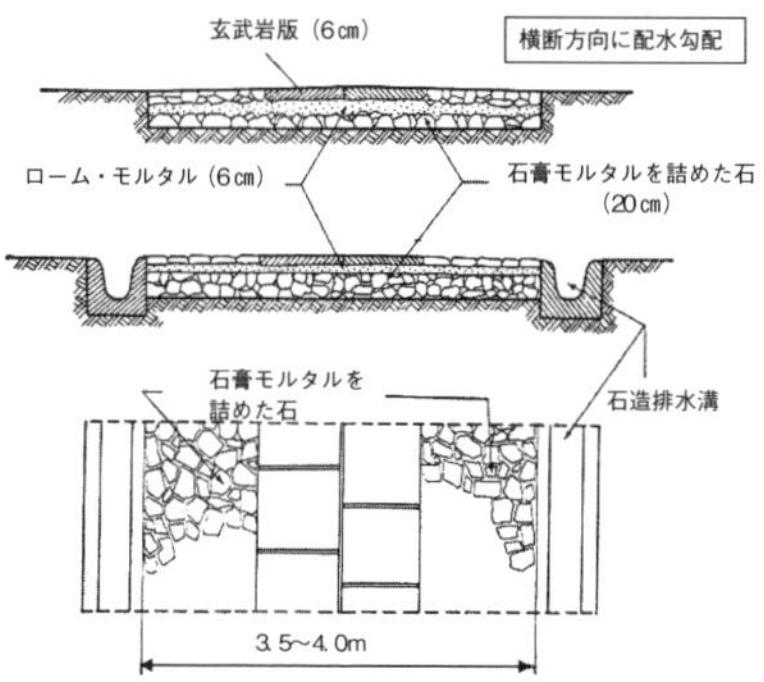

図6　クレタの舗装道路

メソポタミアの道

メソポタミアで特筆すべきことは、新バビロニア王国の王ネブカドネザル二世（在位紀元前六〇五～紀元前五六二年）が建設したバビロニアの行列道路である。幅一六メートル、数百メートルに渡り、両側にライオンや竜のレリーフが並び、神々の行進が行われたと言われている。古いバビロニアの前兆集の中に「神の車の馬がつまずけば、国はそ

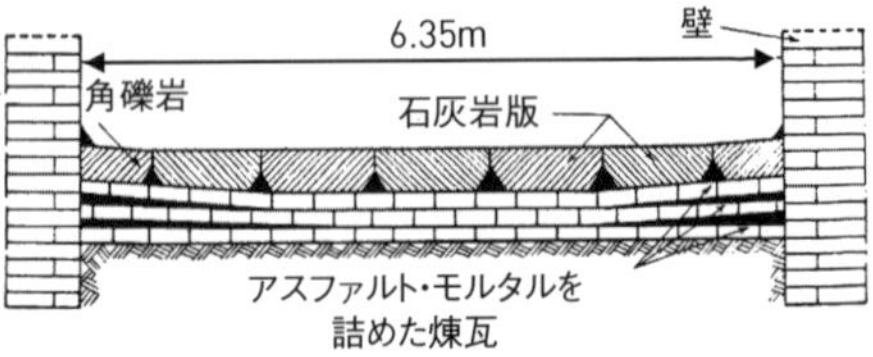

図7　メソポタミアの行列道路の構造

の分別を失うであろう」と記されている。したがって幅一六メートルの中央部、神が通る所は、平滑に微動だにしないようにつくったのであろう。

行列道路は、レンガや石灰岩版の接着材に、初めて砂とアスファルト混合したアスファルト・モルタルを使用した【図7】。行進の際に表層の石灰岩版が移動しては、神様が怒りだすからである。バビロニアは産油国イラクの首都バクダットに近い。バビロニアの近傍でアスファルトが産出していたのであろう。

クレタ島では、石膏モルタルやローム・モルタルで道路の一体化を図っていたが、バビロニアでは、手近なアスファルトで一体化を図ったのである。ともかく神様は、高いレベルの技術を要求する。その結果、舗装技術の進歩が可能になったのである。高品質の要求も必要ということだ。

ちなみに、ネブカドネザル二世は王妃を慰めるため、世界七不思議の一つ「バビロンの空中庭園」を建設したという伝説がある。また、、紀元前五八六年にはユダ王国を征服し、一万五〇〇〇人とも言われる捕虜、いわゆるバビロンの捕囚を連れ去った王でもある。権力のある王が、英知を尽くして行列道路をつくったのであろう。権力者が知恵を絞ると、新しい技術が生まれるのである。

余談であるが、ヴェルディの出世作オペラ『ナブッコ』の原題は『ネブカドネザル』。イタリアで最も有名な旋律「行け、我が想いよ黄金の翼にのって」は、この第三幕の合唱曲で、一八六一年のイタリアの統一のシンボルとして歌われたのである。

アケメネス朝ペルシャ「王の道」

ローマ街道の手本ともいえる「王の道」の登場である。アケメネス朝ペルシャ（紀元前五五〇〜紀元前三三〇年）の版図は、マケドニアおよびリビア・エジプト・シリア・イラク・イラン・トルコ・アフガニスタン・パキスタン等を含む大帝国であった。ローマ帝国に匹敵する領土を二〇〇年間も保持したのである。大帝国を統治するためには、堅牢な軍事用道路および、それに付随した宿場等を含めた駅伝制度が不可欠であった。それを実現したのがアケメネス朝ペルシャ最盛期の王、第三代のダレイオス一世（在位紀元前五二二〜紀元前四八六年）である。彼は、首都スーサとエーゲ海に近いサルディスを連絡する、全長二五〇〇キロメートルの「王の道」をつくった【図8】。現在のトルコのブルサに近いゴルディウムでの発掘によれば、道路幅は六メートルであった。

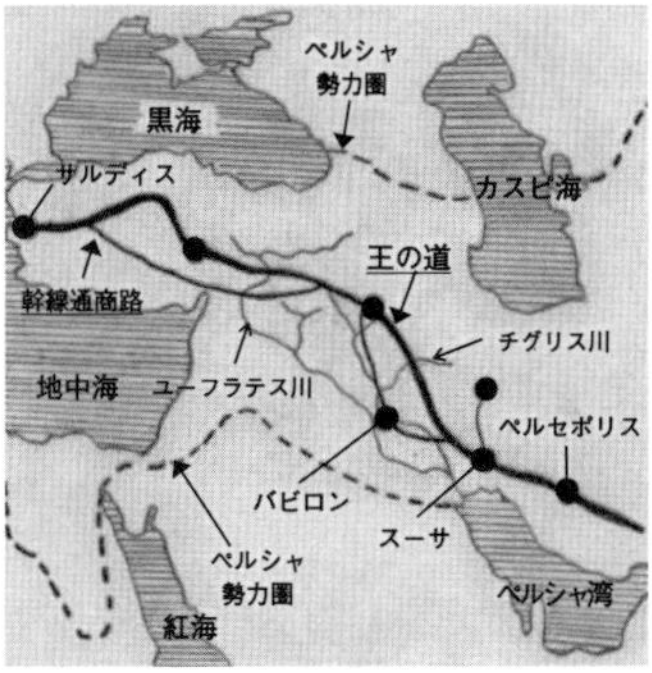

図8　ペルシャの王の道の位置図

古代ギリシャの歴史家ヘロドトス（紀元前四八五年頃〜紀元前四二〇年頃）著『歴史』によれば「街道上のいたるところに、王室公認の宿場と大層立派な宿泊所があり、街道の通じている全距離にわたって、人家があり安全でもある。……プリュギアの向こうにはハリュス河の流れがあり、ここには関所が置かれている。河を越えてゆくには、どうしてもこの関所を通らねばならないが、その防衛のため強大な衛所がある。……宿場の総数は一一一、つまりサルディスからスーサの都に上ってゆく間に、これだけの数の宿泊所があったわけである。……すなわち一万三五〇〇スタディオン（約二五〇〇キロメートル）になる。毎日一五〇スタディオンずつ進むとすれば、ちょうど九〇日かかることになる」とある。

ヘロドトスの記述では、六つの川に艀があり、通行できるようになっている。そして二〇〜三〇キロメートルごとに宿場が設けられ、安全確保のため守備隊も置かれていた。通常の旅行では一日当たり三〇キロメートル弱の旅程であったことがわかる。このように「王の道」は、軍事用道路を主目的としていたが、民間人も利用できたのである。

さらにヘロドトスは、「王の道」の情報伝達システムであった駅伝制度が整備されていたことの素晴らしさについて、記述している。「この世に生をうけたもので、このペルシャの飛脚より早く目的地に達しうるものはない。これはペルシャ人独自の考案によるものである。全行程に要する日数と同じ数の馬と人員が各所に配置され、一日の行程に馬一頭、人員一人が割り当てられるという。雪も雨も炎暑も暗夜も、この飛脚たちが全速で各自分担の区間を疾走し終わるのを妨げることはできない。最初の走者が走り終えて託された伝達事項を第二の走者に引き継ぐと、第二の走者は第三の走者へというふうにして、ちょうど……松明競争のように、次から次へと中継されて目的地に届くのである。この早馬の飛脚制度のことをペルシャ語ではアンガレイオンという」。駅伝制度大絶賛である。

これは、ダレイオス一世の跡を継いだクセルクセス一世（在位紀元前四八六〜紀元前四六五年）のギリシャ遠征、その苦戦の様子を記したペルシャへの飛脚便について述べた文中にある。クセルクセス一世は、ペルシャ軍を率いてギリシャと戦い、サラミスの海戦等で敗れ、ペルシャの衰退の原因をつくった人物でもある。

この時代の世界最高速の駅伝システムと高い評価を与えている飛脚の所要日数について、シュライバー著『道の文化史』には、一〇日間、鈴木敏著『道』には九日間と記されている。このような駅伝制度をつくったこと自体が凄い。なにしろ、高山あり谷あり、大河ティグリス・ユーフラテス等の渡船ありで、一日平均二五〇キロメートル、或いは二八〇キロメートルもの進行なのだから。

ちなみに、ヘロドトスとはどのような人物なのか。彼は今日に残る最初の歴史書『歴史』を著したことによって「歴史の父」とも呼ばれている。エジプト、ペルシャ、南ロシア、北アフリカ、ギリシャ、イタリア、シチリアを旅した世界最初の旅行作家でもあり、宗教、風習、自然地理、歴史に興味を持ち、有名な「エジプトはナイルの賜物」との言葉は『歴史』に記されている。当時の先進諸国を見聞しているので、世界最高速度の駅伝システムと断言できたのであろう。

前記したように、「王の道」は軍事用が主目的であるが、民間人も使用できた。ではなぜ「王の道」というのか。それは国を統一するため、道を交易用ではなく、王が独占できたということである。都市部では田舎に比べ騒乱が起きやすいため、道路が不通となり、軍隊の移動や駅伝制度に支障をきたす恐れがあるので、「王の道」は大都市の幾つかを直接通らず、技術的に最も都合のよい最短距離を通っている。これが、「道」は人々の交易のためではなく「王」のためにつくられたと言われる所以である。賢明な方策である。現在の高速道路が、大都市の近傍を通っても、街中の渋滞を避けるため、決して直接都心に乗り入れないのと同じ考え方。元祖・高速道路と言ってよいかもしれない。それに駅伝(郵便)制度が加わったのが「王の道」なのである。

このように、現代の高速道路にも匹敵する道路と駅伝制度をつくったダレイオス一世の目的とは何か。彼は全土を約二〇の行政区に分割し、それぞれに総督を配置した。その上で、各地を結ぶ「王の道」をはじめとする交通網の整備とともに、総督の監視や情報伝達のために「王の目」「王の耳」と称される監視官を派遣した。情報の大切さ、情報を運ぶ道の大切さをよく認識していたのだ。細大漏らさず情報が迅速に王の耳に入り、王からの指示が遅滞なく帝国の隅々に伝わる。このような方法により中央集権体制を確立し、大帝国を統治しようとした。これが「ダレイオス大王」と言われる所以でもある。

このため、大都市を攻略していったアレクサンドロス大王の東征や、トラヤヌス帝等のパルティア遠征には、「王の道」はそれほど利用価値がなかった。ともかく、アッピア街道がつくられた紀元前三一二年よりも二〇〇年も前に、障害が少ない堅牢な高速道路と、駅伝制度という素晴らしい道路システムがつくられたのである。模倣の天才ローマ人がこれを真似しない訳がない。駅伝制度は、アレクサンドロス大王の部下、プトレマイオスのつくったプトレマイオス朝エジプトを通じてローマに伝わった。

中国・秦の道路

ここまで、ローマに近い地域の道路について説明してきた。では、ローマより遥か東方の中国では、どのような道路がつくられたのか。ここで悪名高い秦の始皇帝（紀元前二五九〜紀元前二一〇年）に登場願おう。始皇帝は紀元前二二一年に、中国を初めて統一した皇帝である。彼は大領土の経営のために、道路網と車両の整備を行った。馳道の整備と、車輪幅を統一する「同軌」である【図9】。

始皇帝が整備した道路網は、総延長一万二〇〇〇キロメートルに及んだ。そのうち約七五〇〇キロメートルが幅員六七メートルの大道で、馳道《ちどう》と呼ばれた。さらに馳道から分岐して主要都市へ接続する約四九〇〇キロメートルの幹線道路も同時に建設され、全国的な道路網が整備された。馳道は周りよりも一段高く突き固められ、約七メートルおきに木が植えられていた。幅約七メートルの中央部分は、さらに一段と高く築かれていた。ここは皇帝ただ一人のための通路であって、横断も指定の場所以外は禁止され、皇帝の使者や役人は、両側の幅約三〇メートルずつの側道を通った。始皇帝はこの馳道を通って、各地の郡県を五回視察したといわれている。馳道の構造の詳細は不明だが、舗装はされていなかった。長城は「版築」という土の締め固め方法で、一層の厚さを一〇センチメートル程度で仕上げている。この方法が、馳道建設に使用されたのであろう。

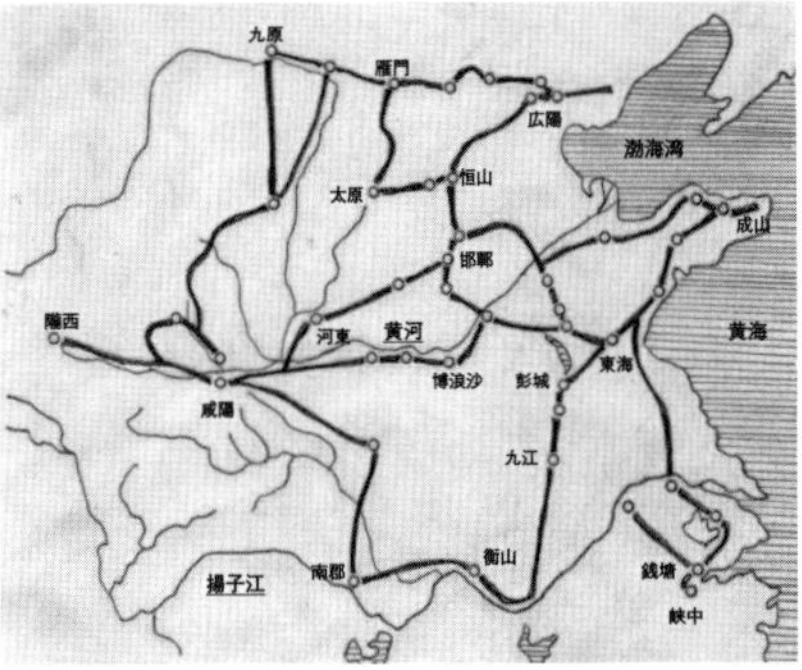

図9　馳道位置図

馳道の第一の目的は、統一の過程で滅亡させられた旧六国の貴族層の反乱を未然に防止することであり、騎馬と戦車を主体とする軍隊を、迅速に移動できるようにすること。第二の目的は通信、運輸の確保。秦の郡県制では、百戸を一里とし、十里を一亭として、これを行政組織の最小単位とした。亭長はその地区の治安維持が主な仕事であったが、同時に道路を行く使者や官吏に、宿舎・食事・替え馬を提供する役目も担っていた。これは駅伝制度である。始皇帝は、馳道と幹線道路網を使って全国の財貨・物資を首都咸陽へ輸送させたのだ。前記したペルシャのダレイオス一世の「王の道」と基本的に同じである。大領土の経営方法は、誰が行っても同じようなものである。

また、これまで国によりばらばらだった車輪の幅を一三五センチメートルに統一した。道路についた轍《わだち》の幅が一三五センチメートルとなり、他国が侵入した時にその轍に乗れず、侵攻を妨げる働きをしたという。これもカエサルと同じ発想である。

始皇帝はこの他に、万里の長城や阿房宮・兵馬俑等の土木建築事業、度量衡や貨幣・文字の統一も行った。始皇帝の中国統一から没年まではわずか一〇年である。一三歳で即位してからの在位期間を通算しても三六年間である。その短期間に、道路システムのみならず、万里の長城等をつくったのは凄いことである。しかし、人民の酷使等、あまりの暴政を行ったため、始皇帝の死後四年で秦は滅びてしまった。それに対して、アウグストゥス帝が開いたローマ帝国の歴史は五〇〇〇年間である。何が秦を早く滅亡させ、一方、なぜローマ帝国は長く存続可能であったのか、興味深いことである。

古代ローマは、アッピア街道完成の紀元前三一二年を契機に、計画的に街道の整備を開始した。街道建設のハードとしての道路構造や施工法は、エジプト・クレタやバビロニアの方法を、そして長距離高速道路システムや駅伝制度等のソフトは、ペルシャの方法を模倣したのである。秦の馳道は、中国がローマから遠く離れ、交易も限られたものであったので、そのシステムの模倣はできなかったものと思われる。

では、古代ローマ人は、ただ先人の方法を真似しただけなのだろうか。それは違う。ローマ人の独創性は、石と石の接着材にコンクリートを使用したことである。これは、堅牢な道路の構造をつくるのに最善の方法であった。さらに、八万キロメートルにも及ぶ幹線道路システムを、物(軍団)の移動と情報の伝達の観点から効率よく建設・運営維持管理したのも、ローマ人の天才である。模倣から出発して、創造を加え、大道路システムをつくり上げたのだ。

第三章

ローマ街道を使った国家統治・防衛と旅の安全・楽しみ方

石で舗装した軍事用高速道路ともいえるローマ街道は、帝国最盛期の二世紀には、幹線道路が延長約八万キロメートルにも達した【図10】。当初は軍事目的であったが、通行や交易にも使用されるようになった。そのために、マイル標石・駅伝／郵便制度・旅館・地図等も整備されたのである。一方、我が国の二一世紀初頭の高速道路延長は一万一〇〇〇キロメートルである。「すべての道はローマに通ず」と言われたローマ街道はいかに凄い規模であるかがわかる。もっとも、ローマ帝国の最大版図は五〇〇万平方キロメートルで、我が国の面積は三八万平方キロメートルと差はある。

なぜ、ローマ人は膨大な数の道路をつくったのだろうか。いくらローマ人が建設好きと言っても、建設自体が目的でないことは自明である。基本的に、領土の拡張と、国の繁栄の維持を目的としている。街道の必要性を、二つの時期に分けて考えなければならない。

古代ローマの国土拡張の多くは、海戦によらず陸戦によるものであった。それも、堂々たる大軍を誇った平地の戦いによるものだった。具体的には歩兵による集団密集戦である。この戦法が使えない、山岳地帯でのゲリラ戦は不得意であった。戦争の名手カエサルも、ゲルマン人のゲリ

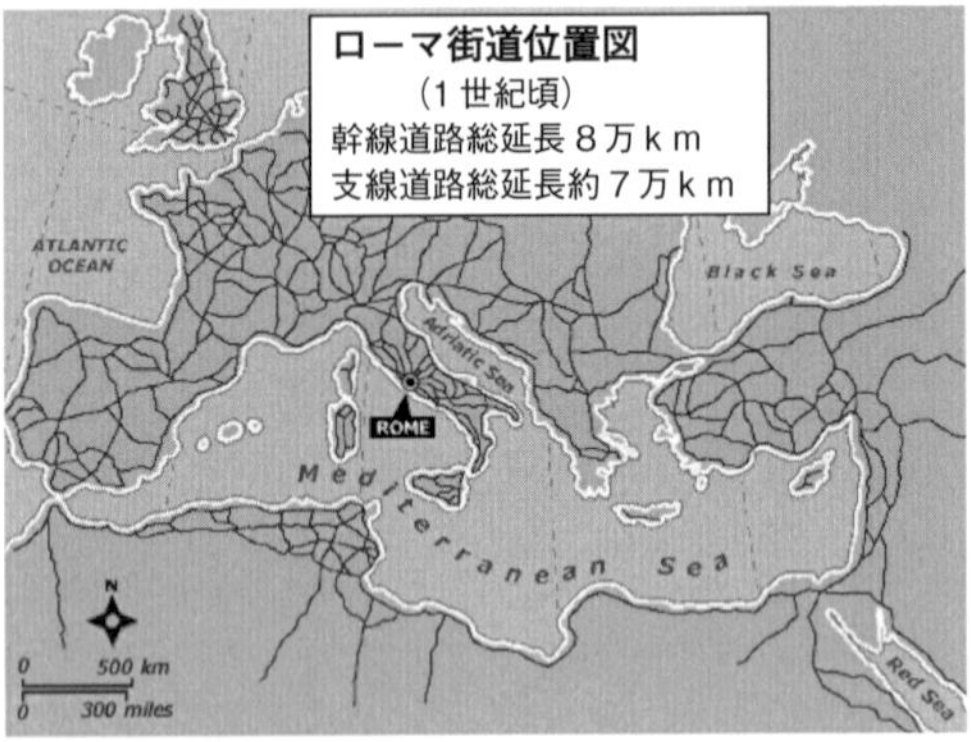

図10　ローマ街道位置図

ラ戦には手こずったのである。

　したがって、大規模な軍団が迅速に移動できる手段が必要であった。小出しの出兵では敵に悟られ、準備万端で応戦されてしまう。敵に準備の時間を与えず、急速侵攻を仕掛けるのがローマの得意技であった。このため、堅牢な大規模軍事用道路を戦いの前に整備しておく必要があった。これは古代ローマの発明ではない。アレクサンドロス大王の東征（紀元前三三四～紀元前三二三年）でも、事前に工兵隊による進入路の整備が行われている。模倣の天才であるローマ人がこれを真似しない訳がない。

　国土繁栄維持期、軍事用道路は味方の軍隊の行軍の助けとなるが、敵も同様に高速進軍が可能である。例えば帝政末期四一〇年、西ゴート王アラリクスのローマ侵攻。現在のスロベニア・クロアチア・ボスニア・ヘルツェゴビナ等を含むイッリュリクムを起点として、アクイレイア市、ピアチェンツァ市、リミニ市と、ポストゥミア街道、アエミリア街道、フラミニア街道を通り、ローマに攻め入った。このルートは、図4に示すように、アクイレイア市から首都ローマまで約九〇〇キロメートルの道のり。九月末にイッリュリクムを出発し、途中略奪をしながら、ローマに侵攻・包囲。包囲期間は一～二ヶ月間と言われている。そして一二月末には賠償金を召し上げ、封鎖を解除している。九〇〇キロメートルの行軍・略奪をわずか一～二ヶ月間で行っているのだ。ともかく速いのである。ローマ街道がなければ、このような高速の進軍は出来なかったであろう。

このようなことは、賢いローマの為政者には十分わかっていたはずである。「攻撃は最大の防御である」という格言がある。攻勢を強めるために軍団の数を増大させては、国家財政はパンクしてしまう。特にハドリアヌス帝が領土拡大政策を放棄して、戦勝による略奪・賠償や奴隷が期待できなくなると、国土防衛をいかに効率よく遂行するかに知恵を絞らねばならなかった。

ローマ街道を使った国土防衛の考え方

まず、国土防衛のために、道路はどのような働きをしたのであろう。前記したように「二世紀中頃から三世紀初頭、国家ローマの歳出の七～八割が軍事費用であった」。軍事費の削減、すなわち軍隊の有効配置が最重要課題であった。まずそれを実践したのが、初代皇帝アウグストゥスである。彼は一〇〇年にわたる内乱の時代に終止符を打つとともに、内乱の時代、総数六〇にもなっていた軍団を、半数の約三〇に縮小した。この規模の軍団数で、ローマ街道を使ってどのように国土の拡張および防衛をするのか、その対策に腐心したのだ。

その対応策は基本的に、以下の四つの方策である。

・帝国内の住民に反乱を起こさせない。反乱が多発すれば、沢山の軍団が必要になってしまう。そこで、強圧ではなく、住民により良い生活（首都ローマ並み）と自治を保障することにより、ローマ世界に住む幸せを感じさせたのである。豊かではなくても、安全と宗教が保障され、水や食糧の安定供給があり、剣闘士闘技等の娯楽を無料で楽しみ、安価で入浴し、安息を得ることが

図11　植民市メリダのインフラの状況

できれば、不平不満は起きない。

　その事例として、現在のスペイン、ルシタニア属州の州都メリダの娯楽施設等の状況を図11に示す。円形劇場、円形闘技場等があり、「パンとサーカス」の状況を、植民市でも実現していた。『Ancient Hellenistic and Roman Amphitheatres, Stadiums,and Theatres The Way They Look Now』によると、ローマ世界には円形劇場四七五ヶ所以上、円形闘技場二〇九ヶ所以上、戦車競走場七七ヶ所以上の娯楽施設があった。これらにより、ローマ帝国内に住む人々に幸せを実感させていたのだ。

　秦の始皇帝の事例を引くまでもなく、圧政だけでは国を長期に維持することは難しい。ウェルギリウス（紀元前七〇～紀元前一九年）著『アエネーイス』に「ローマ人よ、汝はもろもろの民を支配することを忘れてはならぬ。汝はそのすべを知るであろう。汝は平和に法を与え、降りし者を寛大に遇し、おごれる者を懲らしめたる者たることを記憶せよ」との言葉がある。「降りし者を寛大に遇し」とは、植民市を軸とした敗者同化政策に他ならない。これが、支配の天才といわれるローマの政策である。ローマ人の優れた都市経営、すなわち元の住民（敗者）も巻き込んでの「パンとサーカス」の生活が、最大の防衛策であることを理解していたのである。

・他国との国境（防衛ライン）を基本的に海・大河・砂漠とした。例外はブリタンニアのハドリアヌス長城、ライン川とドナウ川の間の長城、ダキアの突出部分であった【図12】。これらによって敵軍の侵入を困難にさせた。このため、防衛処点の軍団基地数を限定的にすることができたのである。

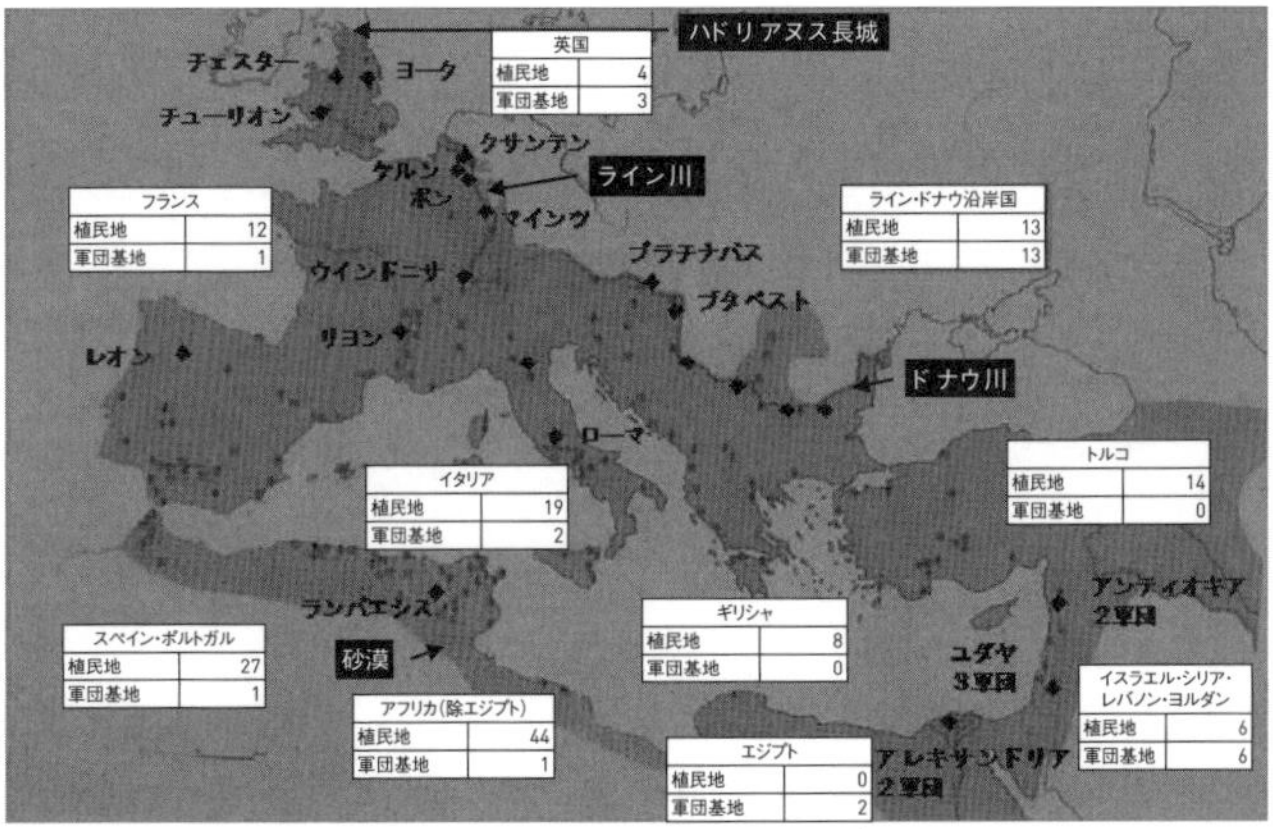

図12　トラヤヌス帝時代の植民市と、ネロ帝時代の軍団基地の位置図

・防衛処点すべてに軍団を配備するのではなく、基点駐屯地を定め、一朝事ある時は、ローマ街道を使って迅速に移動し事に当たる。退役兵の植民した都市を防衛処点と考えていたのである。

・異常が発生した時に、情報を首都ローマに伝え、為政者からの指令を敏速に伝達できるシステム、駅伝制度を確立した。駅伝制度は異常時のみならず、中央政府の属州統治や、人々の交易や通行、郵便の配達に役立っていたのである。

これらの方策はカエサル以前から実施していた。特にアウグストゥス帝は、駅伝／郵便制度を確立し、ローマ街道と組み合わせることにより、少ない軍団数でも帝国の拡大や防衛ができるようにしたのである。

植民市経営と軍団基地

『古代ローマ軍団大百科』によれば、「アウグストゥスが内戦終結時に引き継いだローマの軍団数は六〇を超えていたが、彼はそれを二八まで減らした。この総数は、以後三〇〇年の間に三〇をわずかに上下するだけで変わらなかった」と記されている。では、軍団を減らす＝兵士を減らすのに、具体的にどのようにしたのか。自然減では時間がかかってしまうし、軍団の年齢構成がいびつになり、戦力低下が避けられなくなってしまう。したがって、強制的削減しかない。

『古代のローマ』によれば、「アウグストゥスはさらに大規模にカエサルの政策を継続して、約七五の植民市を属州に建設した」とある。軍事費の削減のため、なりふり構わずにである。植民市政策は共和政時代から盛んに行われていたが、アウグストゥス帝はそれを大規模に実施した。軍団数を強制的にでも減らさねば国家財政が破綻することを、アウグストゥス帝は自覚していたのである。そして、首都ローマから遠隔の地に入植した退役兵が不満を持たないように、メリダの事例を示した図11のように、首都ローマ並みの上下水道・浴場・劇場等のインフラを揃え、自治権や間接税徴収の権限を与え、さらに演劇や剣闘士闘技等の娯楽を盛んに推奨したのである。

植民市に入植した人々の多くは、退役兵である。したがって一朝事ある時は、ローマ軍の一員になることができた。植民市を多く配置すれば、軍団基地の数は減らすことが可能となる。その逆も成り立つのである。ガリア（フランス）・ヒスパニア（スペイン・ポルトガル）・アフリカには植民市が多く、軍団基地は少ない【図12】。一方、ライン川・ドナウ川近傍は、植民市が少ないため、軍団基地が多いのである。防衛ライン・植民市と軍団基地の絶妙な配置である。

アウグストゥス帝の情報網整備の考え方

ローマ軍団は強い。しかし、軍団が迅速に移動できる舗装道路があるだけでは国を統治・防衛することは困難である。他に何が必要かといえば、属州各地の最新正確な情報の取得と、中央政府の通達の徹底である。それも迅速にである。例えば、反乱がいつ、どこで、どの程度の規模で発生したか。それに対して中央政府の増援部隊はいつ出発し、いつ頃到着予定か。その司令官は誰で、どの程度の規模か。情報と軍団の移動が、一体となっていなければならないのである。

孫子の言葉に「敵を知り己を知らば、百戦危うからず」というものがある。それを実践するように『ローマ皇帝伝』カエサル編に、「遠征に出発するときに、カエサルは人一倍慎重であったのか、それとも大胆不敵だったのか、よくわからない。あらかじめ土地の状況を偵察してからでないと伏兵の危険のある道は、決して軍隊を連れて行かなかったし、ブリタンニア（英国）へも、前もって自分で港や航路や島への上陸地点を調査してからでないと渡らなかった」と記されている。敵を知ること、つまり正確な情報収得に、カエサルは意を用いていることが分かる。

そのカエサルはエジプト遠征の際に、同地の郵便制度に目を見張った。プトレマイオス朝エジプト（紀元前三〇六～紀元前三〇年）の起源は、アレクサンドロス大王東征である。アレクサンドロスの部下プトレマイオスが、ペルシャの駅伝制度を持ち込んだと言われている。カエサルのエジプト遠征（紀元前四八～紀元前四七年）から、彼の殺害まで僅か三年。駅伝制度を確立するほどの時間的余裕はなかった。また、カエサルの後継者・オクタウィアヌス（後のアウグストゥス帝）は、紀元前三〇年、クレオパトラの治めるエジプトを滅ぼした。この時にエジプトの駅伝制度を見ているのである。

『古代の旅の物語』によれば、「エジプトでは集落はナイル川沿いにあり、陸路で毎日、南北方向および北南方向に、二回配達が行われていた」とある。また『ハプスブルク帝国の情報メディア革命』には、「日に三回、郵便が発着した。宿駅間には郵便付添い人が同道し、発着の時間を正確に記録し、郵便物の管理を行った。郵便の量と種類と受取人の名前も宿駅ごとに記録され、万一の紛失に備えた。その忘備録には、郵便の発信人も受取人も、王の名前が一番頻繁に登場してくる。次に財務大臣である。いかにエジプト郵便が国家機密事項を輸送する国家郵便であったか、ということがわかるというものである」と記されている。

情報収集方法については『ローマ皇帝伝』アウグストゥス編に、「属州のどこで何が起ころうと、それが直ちに、より早く報告され、知ることができるように、最初軍事道路に沿って、適当な間隔ごとに、若者の駅夫を置き、後に駅馬車を配置する。この方が一層便利と思われたのである。というのも、何か必要な事情が起こったら、遠方の地から直接手紙を持参した当人に、質問できるからである」と記されている。

さらにその利用の一環として「首都の政務官選挙には、植民市の市会議員がそれぞれ自分の市で投票し、選挙日の前までにローマへ封印して送るという投票方法を考案した」とあり、遠方での投票も可能にして国内統治に役立てたのである。

当初はペルシャの「王の道」の模倣で、情報の駅伝リレーであった。しかし情報の高速リレーではなく、駅馬車を配し、情報（手紙）を持参した本人に状況を聞くことができるようにした。これは、アウグストゥス帝自身が元々病弱で、帝国内を自ら巡視することが少なく、首都ローマで決済をすることが多かったためである。それに加えて治世後半には、反乱・暴動や異民族侵入等の火急に連絡すべき要件よりも、いかに属州を治めるかの事案が多くなったためと思われる。内政に意を尽くしたアウグストゥス帝は、帝国内の私的な物や情報の流通を活発にすることも国益と考えた。交易が盛んになれば、富や関税も帝国に多く入る。これがローマ人、すなわちアウグストゥス帝の賢さである。

ペルシャやエジプト、さらに秦では、駅伝／郵便制度は王のためのものであり、国家が独占していた。それを、部分的にでも民間が利用できたのである。アウグストゥス帝は、ペルシャのように単なる専制国家、密偵がはびこり、人々の物や情報の流動の自由のない国では、発展が望めないと考えたのではないだろうか。軍団削減による軍事力低下を、植民市とローマ街道を使った駅伝制度で賄おうとしたのである。

アウグストゥス帝の在位期間四一年は、ローマ帝国で最長である。共同皇帝を含めて三一年間の在位期間を誇るコンスタンティヌス一世は、キリスト教の国教公認やコンスタンティノープルへの遷都を成し遂げた実力者であるが、単独皇帝在位は一三年間程度である。単独皇帝在位第二位は、ティベリウス帝やアントニヌス・ピウス帝の二二年である。したがってアウグストゥス帝は、単独皇帝の在位期間では、ダントツの一位であり、その結果、ローマ帝国を五〇〇年間も繁栄に導く施策をつくることができたのである。

駅伝／郵便制度(クルスス・プブリクス)

アウグストゥス帝のつくった駅伝制度(クルスス・プブリクス：公用旅行)とはどのようなものであったのだろうか。それ以前の共和政ローマの郵便について、『ハプスブルク帝国の情報メディア革命』に「書信のやりとりはもっぱら飛脚によるものであった。その飛脚には四種類あった。まず地方

（属州）総督の訓令兵で、彼はローマと地方との連絡を任務としていた。次に国家の文書連絡係、国に営業権料を支払う用益賃借人飛脚、そして奴隷や解放奴隷が料金と引き換えに、頼まれれば誰に対しても手紙の輸送を引き受ける職業としての飛脚である。……後二者はいずれも民間の飛脚」と記されている。共和政ローマの時代には、民間の郵便業者も存在していたのである。それは、古代ローマ人が手紙好きでもあったからである。

手紙等、公用の郵便以外は、奴隷や旅人に配達を依頼していた。共和政末期の執政官経験者で文筆家・哲学者・雄弁家でもあったキケロ（紀元前一〇六～紀元前四三年）は手紙好き。彼の書簡によれば、ナポリ近傍の別荘に滞在していた時には、ローマからの郵便を四、五日で受け取っていた。この間の距離は約二〇〇キロメートル。アテネ～ローマ間の手紙は、三週間以下で届く場合もあれば七週間以上かかる場合もあったと記述されている。陸路は比較的早く届けられるが、海路を利用すると船の便に合わせるため、所要時間が大きくずれるのである。

アウグストゥス帝が創設した駅伝／郵便制度とは、主要街道に、輸送機関（馬や車両等）、食事や宿泊施設を提供する駅（マンシオ）等を設け、これらを使用するには皇帝が発行するディプロマ（証明書）が必要である。皇帝のための郵便を運ぶ、あるいは皇帝のための公務を行う人々を運ぶためのものである。

ディプロマの発行は属州総督もできたが、数の制限があった。基本的に公用であるため、掛かる費用もすべて公費であった。しかし、このような便利なシステムがあれば、それを利用して私用の旅行を企む輩が出てくるのが世の常である。偽のディプロマや、ディプロマを家族等に使わせるという不正使用も行われた。

例えば、小アジアのビチュニア・ポントス属州の総督であった小プリニウス(六一～一一二年)は、「陛下、私は今まで一度も、誰かにディプロマを融通したことはありませんでした。……しかし妻が祖父の死の知らせを聞き、急いで叔母に会いに行きたいと言った時、私は彼女にディプロマの利用を拒むのは冷酷すぎると考えたのです」とトラヤヌス帝に報告している。皇帝直属の属州総督がこれである。不正使用は随分とあったであろう。そのため、不正使用には死罪等、厳罰が科せられていたが、有名無実のこともあった。

クルスス・プブリクスは時代とともに変化し、セプティミウス・セウェルス帝(在位一九三～二一一年)は、軍隊のための食糧輸送も付け加えた。そのため、ディプロマは輸送機関の利用のみを許す部分的許可証(エウェクティオ)と、輸送・宿・食事まで保証する全面的許可証(トラクトリア)の二つに分かれた。

ギボン(一七三七～一七九四年)に「人類史上最も幸せな時代」と称された五賢帝の時代(九六～一八〇年)が終わり、軍隊も忙しくなったのかもしれない。自分たちの食糧も運べなかったということである。その結果、駅伝組織も大きくならざるを得なかった。すなわち、従前のように公用の騎馬や早馬車が主体ならば、宿泊施設や輸送機関を置く間隔は五〇キロメートル程度と長距離でも構わない。しかし、荷馬車や牛車が多くなると、その間隔は例えば三〇キロメートルと短くなる。したがって、駅伝施設は全体として大規模になってしまうのである。

クルスス・プブリクスの次の変化は、三一三年のコンスタンティヌス一世(在位三〇六～三三七年)によるキリスト教公認の時である。それは彼が三一二年のテヴェレ川に架かるミルウィウス橋の戦いに向かう行軍中に、太陽の前に逆十字とギリシャ文字 X と P(ギリシャ語で「キリスト」の先頭二文字)

が現れ、並んで「この印と共にあれば勝てる」というギリシャ語が浮かんでいるのを見た、という言い伝えである。そして、コンスタンティヌス一世は、マクセンティウスを破って西の正帝となり、帝国全体の支配者となった。

公認となると、キリスト教聖職者は大きな組織をつくり、布教や教会会議等で旅行をすることが多くなった。何しろ十数年前のデオクレティアヌス帝(在位二八四〜三〇五年)治世、キリスト教徒は幾度となく迫害を受けていたのだから、布教や会議への出張と張り切ったのであろう。キリスト教公会議には司教は、司祭・助祭・侍祭の一団を引き連れていた。コンスタンティヌス一世は、それらの人々に乗り物の使用を許可し、さらに後の皇帝は宿泊や食事まで保証した。そうなると、聖職者は盛んにこの恩典を利用するようになった。ついでに観光までする聖職者も出てくる有様であった。

『古代の旅の物語』によれば、「乗り物としては、馬に乗れる者のためには鞍を置いた馬、乗らない者のためには馬車が準備された。宿屋の主人たちは、旅人に次のような品々を提供することを要求された。パン、卵、野菜、肉類(牛、子豚と豚、子羊と羊)、鳥(ガチョウ、キジ、鶏)、料理の材料(オリーブ油、魚のソース、香料一式……。クミン、コショウ、クローブ、かんしょう、シナモン、乳香)、デザート(なつめやし、ピスタチオ、アーモンド)、必要不可欠な調味料の塩、酢、はちみつ(砂糖の代用品)、そして、飲み物のワインまたはビールである。旅をする聖職者が肉体的苦痛を味わうことがないよう配慮されたのだった」とある。これが本当なら、現代の家庭の食卓よりも豊かなのではないかと思ってしまう。そして、旅費、宿泊費、豪華な食事が無料、ついでに物見遊山。これでは聖職者は旅から旅へと張り切るというものである。どこかの国の代議士の海外調査出張の原型かもしれない。

その結果、聖職者は、旅から旅へとクルスス・プブリクスの過剰使用をする。それに業を煮やしたのがユリアヌス帝（正帝在位三六〇〜三六三年）である。彼に「ある人々（聖職者達）が図々しくもそれを乱用しているために、クルスス・プブリクスは疲弊しつくしている」と、言わしめているほどであった。彼は哲学者・文筆家でもあり、キリスト教徒の専横を疑問に思い、異教復興を掲げた。そしてキリスト教への優遇を改めたため、背教者と称されてしまった。

いつの時代でも、公私混同の輩はいるものだ。それらによって、アウグストゥス帝が描いたローマ帝国のスリムな統治の構図は崩れてしまった。さらにキリスト教は三九一年に公認から国教へ。すると聖地エルサレムへの巡礼者が増大し、巡礼道には公営の旅宿がつくられるようになった。これがクルスス・プブリクスの崩壊に拍車をかけた。

では、通常の郵便配達の速度は、どの程度であったのだろうか。六世紀のビザンティン帝国の歴史家で『戦史』等を著したプロコピオス（五〇〇〜五六五年）は、ローマ帝国の駅伝制度について「郵便の配達速度は、一日当たり五から八ステージ、最大で一〇ステージ」と記している。これを、ウィリアム・ラムゼーは、一日当たり六一キロメートル〜一二二キロメートルと算定している。また、ガイウス・カエサルがトルコ・アナトリアのリィシアで、四年二月二一日に死亡したという報告が、イタリアのピサへ四月二日に届いている。二一六五キロメートルの距離なので、一日当たり八〇キロメートルの速度であった。

駅伝制度でどの程度の速度が期待できたのか。「王の道」では記述により、一日当たり二五〇キロメートルから三五〇キロメートルの幅がある。また、ウィキペディア「Roman Roads」には、ティベリウス帝は弟のドールス・ゲルマニックスの死に際して、二輪馬車で二四時間に八〇〇キロメートル走行した、とある。八〇〇キロメートルというと、平均時速三三キロメートルということであり、本当だろうかと疑問に思う。

一方、江戸時代の長距離郵便の記録は、どの程度であったのだろうか。赤穂浪士で有名な江戸城松の廊下刃傷事件が、江戸から六七七キロメートル（現在の鉄道距離）先の播州赤穂まで、早籠で伝えられた記録がある。元禄一四年（一七〇一年）四月一一日午後二時頃出発し、一七日午後五時頃到着。一日平均一二〇キロメートルの距離である。箱根や逢坂山もあり、距離は六七七キロメートルよりも長いはずである。公儀への刃傷沙汰ということで、早馬は使えなかったのだろうが、大変なスピードである。

車両

古代ローマの時代、一般的に歩行者は一日に二〇〜二五キロメートル、馬車は四〇〜五〇キロメートル程度の移動が可能であった。車両は二人乗りや多人数乗り、貨物運搬専用等各種あった。牽引する動物は、馬・牛・ロバ等があり、一〜四頭引きであった。エジプトではツタンカーメンの馬車（戦車【写真2】）が出土している。四〇〇〇年も前から馬車を使用していたのだ。また、戦車競走は、紀元前七世紀より古代オリンピックの競技種目にもなっていた。したがって戦車や馬車は古来より多用されていたのである。

二人乗り馬車は、ディプロマを持った役人や軍人が利用した。コーチタイプは、お供を連れた高官や貴婦人が乗車していた【写真3】。さらに牛に牽引された荷車もある。牛車の進行は歩行者並みであっただろう。

　この時代の旅宿は、料理・寝具付の素晴らしいものもあったが、料理の提供のない宿では、炊事道具や食材も運ばねばならない。長期間の旅行では、着替えの衣料、防寒着や合羽、入浴品や寝具、場合によっては台所用品が必要である。衣料にしてもこの時代の物は軽量・コンパクトではなく、持ち物すべてがかさばるのである。現在の海外旅行のように、スーツケース一つで出発というわけにはいかない。ましてや金持ちが秘書や奴隷を連れての旅行となると、その携行品だけで膨大な量となる。さらに、山賊や追剥が横行する土地への旅には、ボディーガードの奴隷等も多くなる。近距離や貧しい人々でない限り、歩行のみの旅行はあり得ない。そこで、専用の運搬車両が必要となったのだ。

　この時代、車両の車輪は鉄板を巻き、車体にはスプリングがない。さらに、舗装道路と言っても敷石を並べたもので、継ぎ目だらけで平坦性は期待できない。車両に乗った人はガラガラと音もうるさいし、振動も激しかったのではないか。しかし、文筆家であるキケロやカエサル、大プリニウスらは、馬車での移動中、書記にロウ板へ口述速記をさせていたとのことである。慣れれば大したことはないのかもしれないが、現代の快適な車移動に比べれば、かなりの忍耐力が必要であったことだろう。

写真3　コーチ（ケルン・ローマ博物館とローマ文明史博物館）

　古代ローマでは、馬車や戦車に馬を多用はしているが、意外と上手には使用されていないのだ。今では乗馬であたりまえの鐙《あぶみ》や蹄鉄がなかった。ローマ

写真4　マルクス・アウレリウス騎馬像

のカピトリーノ美術館のマルクス・アウレリウス帝（在位一六一～一八〇年【写真4】）騎馬像には鐙がない。鐙を使用した事例は、八世紀のスウェーデンのバイキングの墓にみられる。蹄鉄は、紀元前一世紀にはあったが、ヒッポサンダルという鉄製サンダルがよく使用されていた。ヒッポサンダルでの長距離走行は、石が挟まって痛かったり疲れたりして、かなり厳しかっただろう。

鐙がないため、『プルタルコス英雄伝』ガイウス・グラックス編に「どの道路もローマ・マイル（一・四八キロメートル）……の距離を示す里程標石をたてた。なお、それよりもせまい間隔で別の石を道の両側にそれぞれ据えて、馬を持つ人が、他の人の助けを借りないで容易にそこから馬に乗れるようにした」と、乗馬するための踏み台石の配置について記しているほどである。

街道の旅宿施設

旅行者が宿泊したり休憩したりする施設は、街道にマンシオやムスタティォ等色々あった。

マンシオ

公用旅宿で、現在の「マンション」の原語である。宿泊施設、家畜小屋、飼料貯蔵庫付きの休憩所で、道路の四〇～六〇キロメートル間隔にあった。食事、ベッド、浴場、御者のための着替え、替え馬や馬車、御者、馬丁、街道の前のマンシオやムスタティォに乗り物や動物を送り届ける係、荷運び人、獣医、車大工等を用意していた。公用の旅行者は無料で施設を利用できた。一般の旅行者も、優先権は公用旅行者にあったが、使うことができた。

　プロコピオスは、ローマ帝国の駅伝制度について「各宿場に四〇頭の馬と、それに比例して若者がいた」と記しているが、これはかなり大規模なものであろう。マンシオの規模は、ブリタンニアのゴッドマンチェスターのように大型のものもあった【図13、15、16】。

　マンシオが旅行者へ食事や宿泊の世話をすることは大した手間ではない。しかし、馬や馬車等を使用する旅行者の世話は大変である。利用した馬や馬車等を次の旅宿から連れ戻さなければならない。このため、引取り役の騎手や御者が同道しなければならないのである。馬や馬車、そして騎手等の実際の利用率は悪い。しかし準備だけはしておかなければならない。ゆえにディプロマの発行、すなわち公費の使用を最小限にしたのである。しかしいつ来るかわからないディプロマ携行者のために、宿をあけ、馬、馬車等を用意しておくわけにはいかない。そこで、ディプロマ携行者を優先に、私用旅行者も有料で受け入れたのである。

ムスタティオ（交換所）

　質素な宿泊所。今で言う道の駅で、車大工や獣医や医者のサービス、二人乗り馬車の乗り換えサービスも受けられる。さらに軽食、ベッドもあった。マンシオ同士の間にあることが多い。『古代の道』によれば、イタリア北部の町アクイレイア【図4】からアルプス越えのローマ街道にあるムスタティオは、一四・五メートル×六・四メートル程度であり、マンシオに比べ小規模である。

タベルナーエ

　街道筋に小型の旅宿として出現。大都会周辺のタベルナーエはワインやチーズを提供し、現在のタベルナ（居酒屋兼食事処）となる。

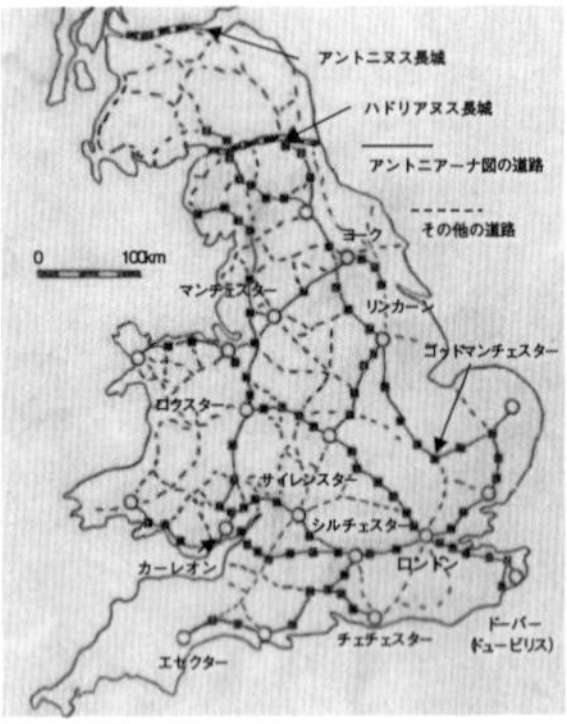

図13　アントニアーナ旅行案内記

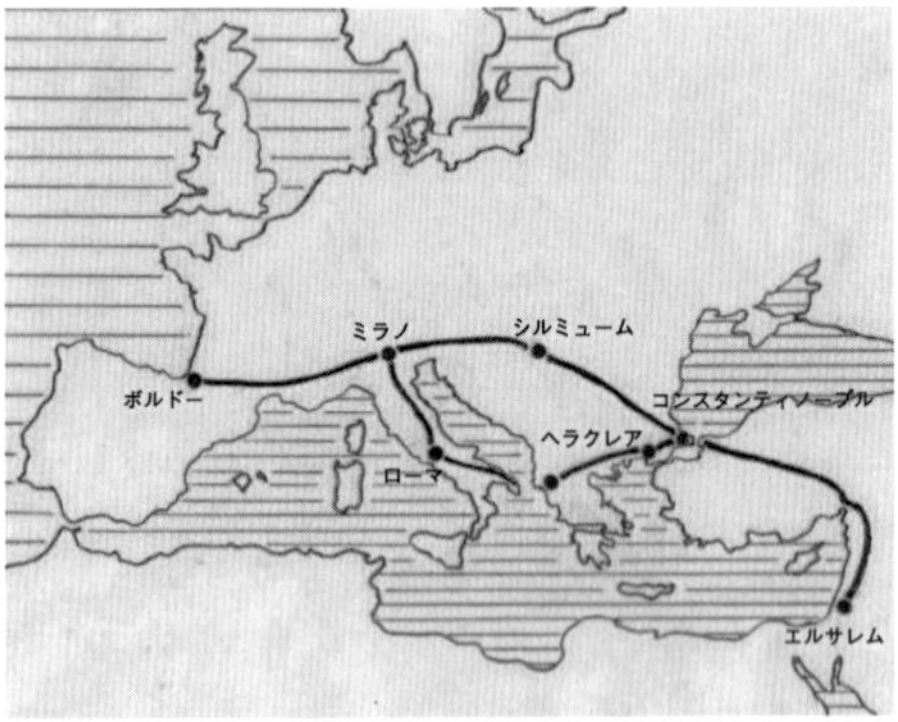

図14　エルサレム巡礼記

カウポナ
私営旅宿。マンシオと機能は同じだが、泥棒が出たり売春が行われたりで評判は悪い。マンシオの傍にあることが多い。

では、マンシオ等の施設が、ローマ街道にどの程度あったのだろうか。まず、カラカラ帝（在位一九八〜二一七年）がつくったと言われているアントニアーナ旅行案内記【図13】の記述がある。ブリタンニアに一五の旅行ルートがあり、その道路総延長三九二九キロメートルに対して一六一ヶ所の駅がある。駅間は二四キロメートルとなっている。

次に、三三三年のボルドーからエルサレムの巡礼者が記した巡礼記【図14】。ボルドーからコンスタンティノープルは、道路延長三二八七キロメートルに一一二のマンシオ、二三〇のムスタティオが配置されていた。マンシオが二九キロメートルに一ヶ所。ムスタティオが一四キロメートルに一ヶ所あった。合わせて三四二ヶ所。平均一〇キロメートルに一ヶ所の割合であった。

前記のブリタンニアとボルドー〜コンスタンティノープルの区間では、時代及び通行頻度が違うので単純な比較はできないが、巡礼道の方が旅宿施設は多かったものと思われる。

ちなみに江戸の街道では、東海道五三次というように、約一〇キロメートル間隔程度に宿場町があった。

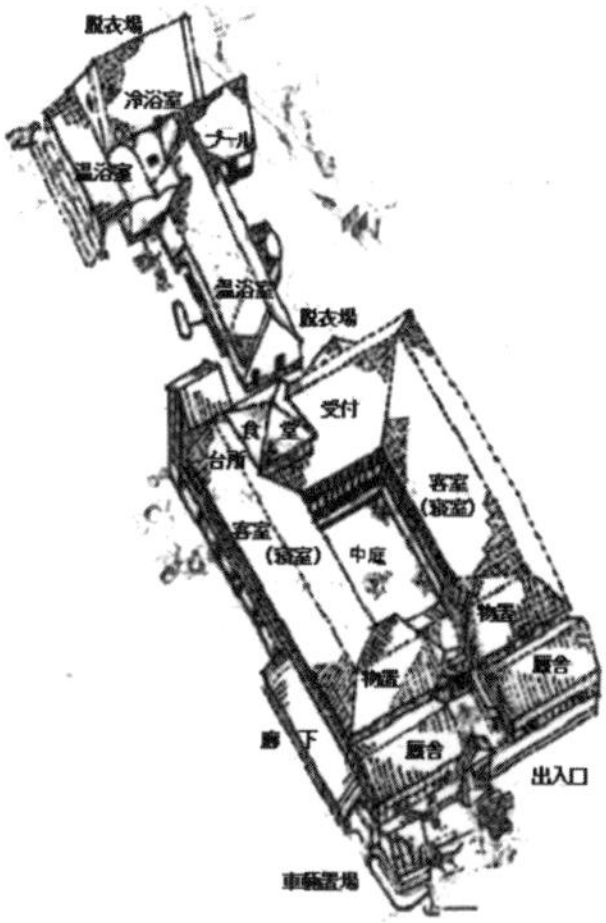

図15　ゴッドマンチェスターのマンシオ鳥瞰図

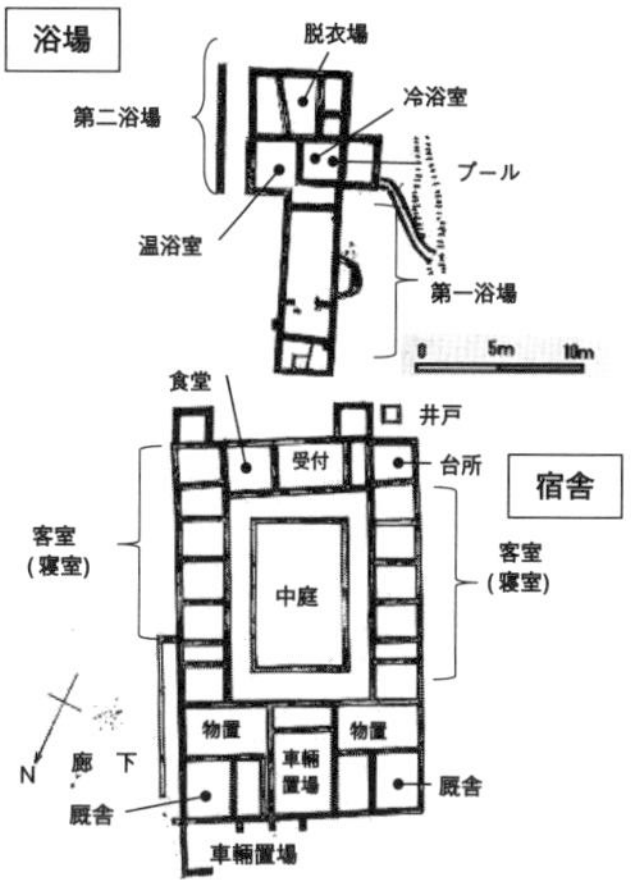

図16　ゴッドマンチェスターのマンシオ平面図

ゴッドマンチェスターのマンシオ

属州ブリタンニアの首都ロンディニウム（ロンドン）と、北方の軍団基地のあるヨークのほぼ中間地点に、ゴッドマンチェスター【図13】の町がある。同地はグレート・ウーズ川の渡河点があり、ローマ軍の駐屯所が設けられた要衝であった。そこにある公用宿泊施設（マンシオ）【図15、16】は、宿舎部分が中庭付きで、一階部分が大略二三〇平方メートルの二階建て。浴場部分は大略八〇平方メートルの平屋である。

宿舎には、浴場側に受付と食堂・台所がある。中庭を挟んで、一・二階が寝室。一番奥まったところに物置と厩舎がある。厩舎は二ヶ所に分かれ、共に六頭程度の馬や牛・ロバ等の動物を収容できた。そして屋内外に車両置場があり、一階には九室のベッドルームがあり、二階部分の構成については不明だが、それ以上の部屋数があったものと思われる。浴場は、一般のローマ浴場と同様に、冷浴室・温浴室・熱浴室がある。二つの浴場があり、第二浴場を建て増したものと思われる。宿泊客は最大二〇～三〇人であろうが、大規模な浴場がある。いかにローマ人が、風呂好きかがわかる。

マンシオには伝令のみならず、首都ローマや属州ブリタンニアの軍人や政務官が宿泊するので、このような大規模な浴場付き宿舎が設けられたのであろう。

駅伝制度の運営費用

駅伝制度は属州総督の管轄であったが大変な費用が掛かるので、ハドリアヌス帝の時に中央政府管轄となる。それ以前、宿舎の費用は地元の賦役であったが、セウェルス帝はほとんどを国庫で賄った。コンスタンティヌス一世の時代は全費用が地元で負担されたと記録されている。

ところで、このマンシオの数はどの程度あったのだろうか。ローマ街道の幹線は、延長八万キロメートルと言われている。たとえば、五〇キロメートル間隔とすると一六〇〇ヶ所のマンシオが必要となる。一六〇〇ヶ所ものマンシオの経営が可能かどうか考えてみた。マンシオは公営なので、属州あるいは中央政府の負担となる。少なくとも伝令者や馬の世話は、軍団の段取りではないだろうか。例えば、一つのマンシオに馬二〇頭、馬・宿泊の係で四〇人と仮定するとどうなるのか。一六〇〇ヶ所総計で、馬が三万二〇〇〇頭、係の人員が六万四〇〇〇人。

ポリュビオス著『歴史』によれば、ローマ軍団の騎兵の数は、正規軍四五〇〇人のうち三〇〇人である。したがって約六・七パーセント。騎兵一名に馬一頭が与えられたと仮定すると、帝政期のローマ軍兵士数三〇万に対して、二万頭になる。もっとも、ポリュビオスの描いているのは紀元前二世紀初頭の共和政ローマ軍団であるから、帝政期には変わっているかもしれない。

再記するが、『古代ローマを知る辞典』によれば、帝政期（一五〇〜二一五年頃）の歳出の七〜八割が軍事費である。上記の馬が三万二〇〇〇頭、係の人員が六万四〇〇〇人を国庫で賄うと、財政はパンクしてしまう。地域住民に賦役として負担させると、二割程度の増税感を持たれてしまう。帝国の統治、情報伝達のためにこのような大規模駅伝システムをつくったのだろうか。もう少しスリムでコンパクトなシステムではなかったのだろうか。例えば、幹線道路では、一〇〇キロメートルごとの大マンシオ。五〇キロメートルごとの小マンシオ等々。そうでもしなければ、駅伝制度維持のために、国家財政は破綻である。

一方で、江戸時代、東海道の駅伝制度はどのようになっていたのかを紹介する。寛永一〇年（一六三三年）に伝馬、継飛脚の制が定められ、各宿駅に人夫一〇〇人、馬一〇〇匹の常備（百人百匹の制）を義務付け、幕府、大名などの往来に供した。寛永以後も行われたが、天明三年（一七八三年）に品川駅吏からの建議を入れ、各宿駅に、一〇〇人一〇〇匹の定員の中から公用その他の臨時の準備として人夫三〇人、駄馬二〇匹を除き置き、七〇人、八〇匹を平時、行人（武家その他）に供した（人馬七八遣の法）。この人馬は御朱印伝馬のみで、各宿駅で徴発し得た。この他に、一般庶民が傭役し得る駄賃伝馬があり、各宿駅に人夫二五〇人と駄馬二〇〇匹を常備する定めであったが、実際には員数は規定どおりではなかったようである。これは天下の大道、東海道である。ローマ街道と比較するのは困難ではあるが、参考にはなるであろう。

写真5　アッピア街道一番のマイル標石

マイル標石

街道沿いには、ローマからの距離を表す石柱が一ローマン・マイル（一四八一メートル）毎に置かれていた。マイル標石の大きさは色々あるが、大略六〇センチメートル以上地中に埋設され、直径五〇センチメートル、高さ一・五メートル程度の円柱状石で、重さは二トン程度である。

標石には、ローマからのマイル数や近隣の町等へのマイル数、その街道の建設者や修繕者の名前や時期等も刻まれている。道標として有用だったばかりでなく、街道整備の立役者の名前を知らせることにより、彼らを顕彰する意味合いもあった。ローマ人は名誉を重んじた。名誉心のために、道路等のインフラの建設や剣闘士闘技等の見世物に寄付すること、すなわち恵与が好きであった。マイル標石はその名誉心をくすぐるものでもあった。

いつからマイル標石が建てられたのかは明らかではないが、紀元前一二三～紀元前一二一年のガイウス・グラックスが護民官在任中に標石の建設が法制化されたのであろう。

紀元前二〇年にアウグストゥス帝が永世道路管理者となった時に、フォロロマーノのサトルス神殿近くに黄金標石を建て、原点とした。アッピア街道の最初のマイル塚【写真5】は、原点から二マイル目である。

ちなみに、我が国には同種類のものとして、「一里塚」がある。大きな道路の側に、旅行者の目印として一里毎に設置した塚（土盛り）である。平安時代末期に、奥州藤原氏が白河の関から陸奥湾までの道に里程標を立てたのが最初と言われ、全国的に整備されるようになったのは江戸時代。慶長九年（一六〇四年）、幕府は日本橋を起点として全国の街道に一里塚を設置するよう指令を出し、一〇年ほどで完了した。一里塚には榎などの木が植えられ、旅人が木陰で休息を取れるように配慮されていた。また、東海道には一二四ヶ所の一里塚があり、一里 が芝の金杉橋（東京都港区芝大門二丁目付近）、一二四里が 御陵（京都市山科区御陵岡町付近）であった。東海道五十三宿場のほぼ倍の数である。

ポイティンガー地図

見知らぬ所に旅行するには地図が必要である。地図にもいろいろあるが、道路地図と航海地図では、基本的要求事項が違う。道路は線であり、航海は面である。古代ローマの時代での道路交通は、人馬等を対象として、次の目的地までどの程度の距離があり、どの程度の時間で到達可能かを知ることができればよい。さらに目的地でどのようなサービスを受けられ、また観光がどうかを知ることができれば尚更よい。鉄道路線図のように、位置関係をデフォルメしたもので十分である。

一方、航海地図は、航路自体が決まったものではないため、方位や方向、目標物がわかる必要がある。

古代ローマ時代の道路地図の代表例は、駅伝／郵便システムに沿った道路網を図示したポイティンガー図である。アウグストゥス帝の右腕と言われたアグリッパが、二〇年の年月を費して行った測量結果を基にしていると言われている。大理石に刻まれたアグリッパの地図は、マルスの野のポーラ回廊に飾られていた。帝国の経営のために役立てようとしたものであろう。

ポイティンガー地図の現存するものは、四世紀頃につくられ、一三世紀頃に写本された。それを人文学者コンラード・セルテスがドイツの都市ワームスで発見し、一五〇九年にドイツの人文学者ポイティンガーに遺贈したものである。現在はウィーンのオーストリア国立図書館に保管されている。ワームスはライン川の左岸、フランクフルトの南西六〇キロメートルのところに位置する都市で、ローマの軍団駐屯地があった。そして現在は軽い甘口の白ワイン、リープフラウミルヒの醸造所がある町として知られている。「聖母マリアのおっぱい」という意味の、日本で最も名の知られたドイツワインである。ローマ軍人がブドウを移植したため、ローマ時代からワイン生産が行われていたと言われている。

地図の構成は、ローマを基点とする道路網を描き、これに沿って都市・宿場・交易所、鉱泉、巡礼地等の目印が簡潔なイラストで描かれている。さらに山脈や森林など、自然の様子もイラスト化。肝心な宿場間の距離もかなり正確に記されている。地図に示された街の数は五五五、寺院や灯台など、目印となるものは三五〇〇。重要な都市（ローマ、アンティオキア、コンスタンティノープル）はメダル状の絵で示されている。

ローマ周辺のポイティンガー地図を示す【図17】。ローマはメダル状に表され、中央に皇帝がおり、オスティア港が模式図でわかりやすく描かれている。中庭のある四角い建物はあらゆるサービスを受けられる旅宿。二つの尖がった屋根を持つ家の絵は、質素な田舎の旅宿。二つの丸屋根を持つ家は、同じ等級で水が豊富な旅宿。尖った屋根が一つだけの絵は、非常に質素な宿。さらに横に絵のないものは極めて質素な宿屋と、わかりやすい表示になっている。

地図の範囲は、西はイベリア半島から東はインドまで。中央付近にイタリアが描かれている。図に収めるため、東西方向は歪められている。羊皮紙に描かれた地図が一二枚あり、一一枚が現存しているのである。それらを張り合わせると、長さ六・八メートル、幅三三センチメートルという極端に細長い形をしている。無くなった一二枚目はイベリア半島の部分である。一枚の大きさは三三センチメートル×六〇センチメートル程度。現在の鉄道路線図に似たものである。目的地に合わせて一二枚から選んで携行したのであろう。一枚一枚手書き模写をしたのだろうが、一枚の地図ならそれほど高価ではなかったのではないだろうか。アウグストゥス帝は、ローマの駅伝制度をつくっただけではなく、通行者の利便を考え、アグリッパに地図の製作を命じたのだ。

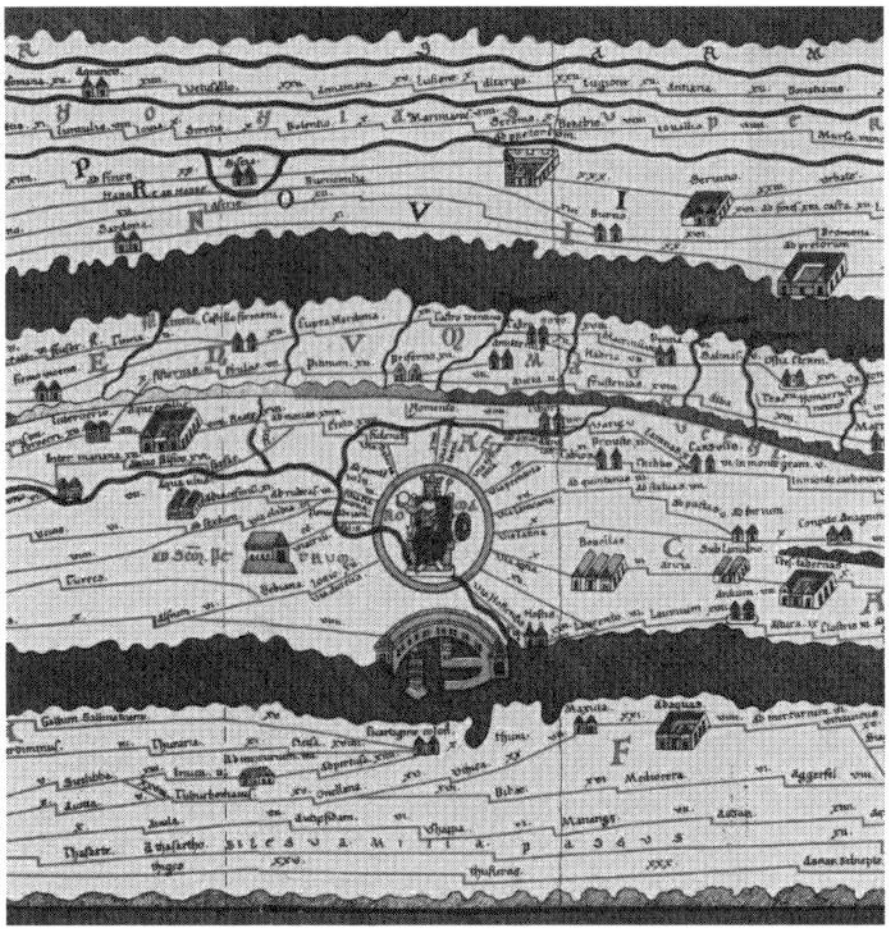
図17　ポイティンガー地図(ローマ周辺)

『ローマ皇帝伝』アウグストゥス編によれば、アウグストゥス帝の死の年、紀元一四年に、彼がプテオリ湾を海岸に沿って航行している時、着岸したばかりのアレクサンドリアの船の乗客や船員から、「あなたのおかげで私たちは暮らしています。あなたのおかげで航海しています。あなたのおかげで自由と幸福を楽しんでいます」と礼を言われたという記述がある。船乗りたちは、彼を恩恵施与者と呼んだという。「あなたのおかげで航海しています」とは、アウグストゥス帝が港や灯台等、航路の整備、海賊の撲滅、さらに航海者への便益の供与と、安全安心な航海ができるように配慮したことを意味している。これと同じ配慮が、駅伝／郵便制度をつくり、山賊を撲滅し、地図をつくった事にも表れているのである。国を長く保つには、このように民を安んじる必要があるのだ。

我が国では、実体が確認できる最初の全国地図は、奈良時代の僧侶・行基（六六八〜七四九年）がつくったとされる行基図【図18】がある。当時作成されたものは現存していないが、この図が後々まで日本地図の原型として用いられている。平安京のある山城国を中心として、諸国を俵あるいは卵状に表し、これを連ねることで日本列島の大まかな輪郭を形成している。また、平安京から五畿七道の街道が伸ばされて全ての国と繋がっている。

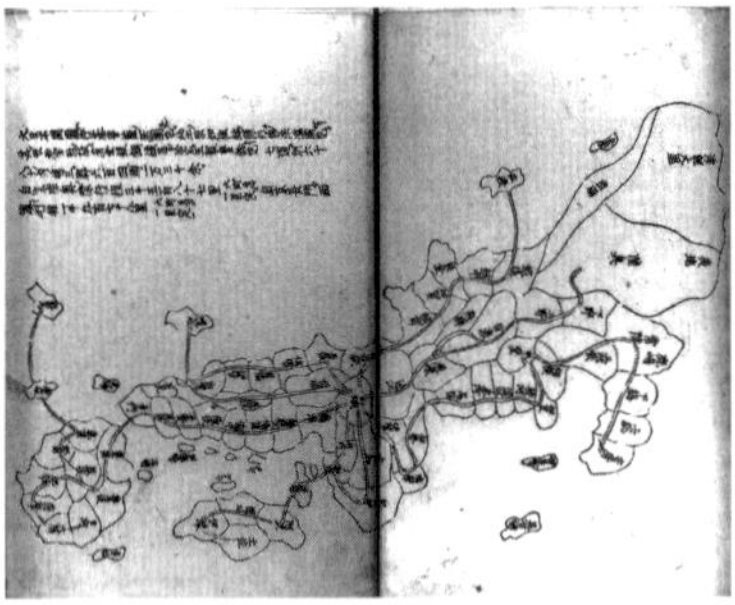

図18　行基図（『拾芥抄』写本。明暦2（1656）年村上勘兵衛刊行）

ヴィカレロ・カップ

ヴィカレロ・カップ【写真6】とは、一世紀末に製作された銀製のカップである。ローマ北方三〇キロメートルにあるブッチャラノ湖畔の鉱泉・ヴィカレロの泉で、四つが発見された。カップの形状は、ローマ街道のマイル標石の縮小版であり、表面に、ヒスパニア（スペイン）の大西洋に面した古くからの港町、カディスから首都ローマまでの宿場の名前と、宿場間の距離が刻まれている。

このカップの由来は二つあると言われている。一つは、カディスからローマへの道中土産であるという説。もう一つは、病気治癒の神・ヘラーに捧げたもの。ヴィカレロの泉は効用があり、その底には、訪れた人々が投げ入れた一五〇〇個を超える硬貨が沈んでいる。泉による病気平癒祈願のためである。

一つ目の道中土産と仮定すると、当時かなり高価であった銀製のものを土産にするかということと、カディス～ローマ間以外のカップが発見されていないというのが疑問である。カディスのあるヒスパニアよりも、ギリシャのアテネ、シリアのアンティオキアやエジプトのアレクサンドリアの方が観光地としては有名で、旅人が多かったのではないだろうか。土産物だとすると、カディス用だけでなく、これらの都市用のコップが存在してもよさそうなものである。カップは銀製なので、長く残る。にもかかわらず、カディス～ローマ間の四つのカップ以外発見されていないのである。したがって第一の仮説は消去されるのではないだろうか。

一方、第二の仮説では、旅行者はカップに刻まれたように、人々がはるばる二七五〇キロメートルも旅行することを強調しているのではないだろうか。

写真6　ヴィカレロ・カップ

ちなみに、カップにはカディスからローマまで二七五〇キロメートル区間に一〇三ヶ所の旅宿と一〇四区間の距離が刻まれている。

旅の安全

ローマ街道には、軍隊の移動の他、属州の税金の運搬、徴税使・巡回裁判官・地方行政官等のディプロマを持った公用の旅行者、商用・観光・巡礼や帰郷等の私用旅行者等、さらに交易品の輸送等のため、数多くの人々や車両が行き交っていた。ポイティンガー地図とマイル標石のおかげで道に迷わなくなっても、街道には様々なトラブルの種があった。

私用旅行者は、基本的に金持ちが多かった。金品を携えた人々が街道を行き交うと、それを狙う輩がいるのが世の常である。それはいつの時代でも、どこの国でも同じである。ローマ街道が整備され、駅伝/郵便制度が整っていても、街道や旅宿施設での安全は十分であったのだろうか。安全が保障されていなければ、街道の利用は限られたものにしかならないのである。

紀元前六七年のポンペイウスによる海賊討伐があったように、古来より地中海において、航行船舶からの略奪行為が頻発した。同じように、陸でも街道に山賊や追剥が跳梁したのである。ローマが隆盛に向かう時には、ローマ軍に敗れた国々の残党や食いはぐれた人々が、山賊や強盗に商売替えすることが多数あった。また、二世紀の五賢帝の時代を過ぎ、国が乱れたり蛮族が侵入してきたりすると、街道で運ばれる公金や旅行者の金品を強奪することが日常的になった。

山賊・追剥退治

『ローマ皇帝伝』ティベリウス編に「ティベリウスはとりわけ、無頼漢や追剥や、無軌道な暴徒から世の平和と秩序を守ることに心を配った。イタリア全土にわたって、いつもより多い地点に警備隊を配置した」とある。ティベリウス帝は、警備隊の増強により治安維持に努めたことが記されている。国が隆盛に向かっている時にはこのような対処が可能である。しかし、国が乱れた場合はどうなるのか。山賊・追剥の事例を紹介する。

シリア人の風刺作家ルキアノス（一二〇年頃〜一八〇年頃）の著作『死者の対話』に、「追剥に殺された。キタシロン山を越えてエレウシス（アテネ近郊）に行く途中だったようだ。彼はうめき声をあげ、両手で傷口を抑えながらやってきた……。彼は自分の無分別を責めていた。彼はキタイロン山を越え、戦争で荒廃したエレユテライの周辺の地域を横切って行ったが、その時、わずか二人の召使しか連れて行かなかった。純金でできた四つの杯と五つの器を運んでいたというのに」という記述がある。このように、金持ちが襲われることは日常茶飯事であったようだ。これを防止するためには、召使を多数連れて行くことになる。必然的に大旅行団を形成しないと危険でしょうがない。

『古代の道』には、以下のような山賊の事例が記載されている。三世紀、アレクサンデル・セウェルス帝（在位二二二〜二三五年）の末期二年間、首領フェリックス・ブラに率いられた六〇〇人の盗賊により、アッピア街道は支配された。ブラはブリンディシに上陸するか、ローマを出発する重要人物ならば、どんな人でも、どんな貴重品を携えているかを知っていた、と言う。アッピア街道はローマ街道でも一、二を争う要路である。その街道の治安を守るため、ローマ政府はブラ追討をするが、ブラは追討軍の百人隊長を捕え、屈辱的な丸坊主にして、軍に送り返した。そしてその百人隊長に「お前の主人たちに、もっと奴隷を大切にしろと言え。そうすれば、盗賊を志願して俺のところに来るようなことはなくなるだろう」と、言わせた。古代ローマ人は名誉を非常に重んじた。ブラの身の程知らずの暴言に、セウェルス帝は怒り心頭で、ローマの近衛軍団長にブラ追討の厳命を下した。この時セウェルス帝は二五、六歳。軍事は下手であったが、プライドは高かったのであろう。ともかく、追討である。

ブラは役人を買収して獲物の情報を得ていたのだ。今度は近衛軍団がブラの愛人を買収したのであろう。彼女が近衛騎兵隊に密告したため、捕えられ、円形闘技場で猛獣により引き裂かれた。見せしめである。

それから四〇年程経過し、アウレリアヌス城壁を完成させたプロブス帝（在位二七八～二八二年）は、蛮族と皇位僭称者との戦いの連続であった。二七九年、小アジア、イサウリアに盗賊の巣窟があり、エフェソス～サルディス間、アンティオキア～パルミュラ・ダマスクス間の街道に跳梁していた。これを殲滅。

次の例は二八〇年。今度は、ガリアのリグニアである。ピアチェンツァからアルルに繋がる、ユリア・アウグスタ街道沿いの町、アルビンガム。ジェノバとモナコの中間の町である。この町の大農園主プロクルは、二〇〇〇人に上る武装奴隷を擁し、街道を支配していた。そして二八〇年、ケルンでボノススと共治帝に名乗りを上げた。しかし、これもプロブス軍に数か月で鎮圧されてしまった。

混乱の時代、皇位僭称者や山賊が多数出現した。彼らは「帝国の物はおれの物」と、公金の奪取や、通行人から関税徴収や略奪に精を出したのだ。もともとローマに統一される前は、城郭都市として、関税等を取っていた町は多いのである。そうなると街道の安全も何もなくなってしまう。帝国に安全を任せているという信頼がなくなってしまうのだ。そのため、ローマ皇帝は、山賊等にはブラの例を挙げるまでもなく、厳罰主義で臨んだのである。

悪徳旅籠と売春

街道の旅宿でも、民営の旅宿は様々な問題があった。宿泊者がごろつきや巾着切。売春も行われており、食事に人肉が出てくるありさまであった。

ローマの詩人ホラティウス（紀元前六五〜紀元前八年）は、紀元前三〇年に発表した『セルモネス』の中に、「最初の宿のアリキアはまあどうやらで、次の夜はフォルム・アピイ。ごろつき水夫に巾着切がわんさといて……」と、いかがわしい宿泊者の様子を記している。アッピア街道から少し離れたトレウィクムの町では「宿のいたずら女にはもっとひどい目にあわされた。愚かな私はじりじりとして、夜中まで待ち続け。とうとうそれでも眠気に負け、くだらぬ夢が頼みもせぬにアモールの役を勤めた」と、尻軽女に待ちぼうけを食わされたことを記している。古代ローマの時代、売春は悪徳ではなかった。第四代皇帝クラウディウスの妃メッサリナでさえ、夜な夜な街に出て売春をしていたことが知られているぐらいである。

もっと凄いのが、人肉を提供する宿。ローマ時代の最高の医者の一人で、皇帝マルクス・アウレリウスの侍医でもあった外科医クラウディウス・ガレヌス（一三〇〜二〇〇年）は、著作の中に「方々の亭主が豚肉の代わりに人肉を旅人に食わせ、彼の道連の一人がある時、素晴らしくおいしい肉汁の中に、人間の指を見つけた。……ある旅宿の一家は、ちょうど犠牲者を料理しようとした瞬間に入ってきた客の手で警察に引き渡された」と記している。

こうなると、金持ちは、いかがわしい旅宿での宿泊はしたくない。『古代ローマの道』には「金持ちのローマ人はたいてい召使全部と荷駄を引き連れて旅に出た。……なぜなら、裕福なローマ人は、旅宿に泊まることを好まなかったからである。彼は邸宅にいるときから、衛生と静穏と

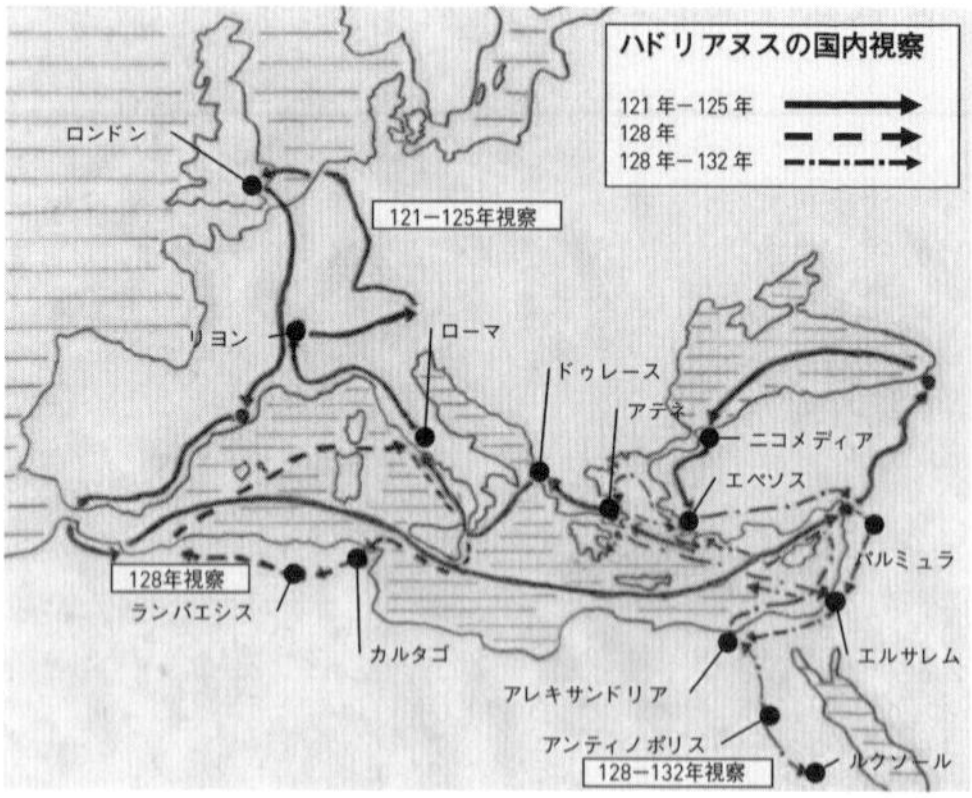

図19　ハドリアヌス帝の帝国巡視

贅沢と占有とに慣れていた。それがいま急に、街道を歩いて同じ宿を利用する賤民どもと同列にならねばならないのか？　それより自分の車か召使にたてさせたテントに寝るほうがよかった」と、金持ちにとって一般の旅宿は、快適な夜を過ごすことができないと断じている。現代で言えば、むしろキャンピングカーかテントのほうが良いというわけだ。ただしこれらの宿泊場所は、安全なマンシオの近傍であろう。いずれにしろ、ディプロマを持たない旅行者は、旅宿で追剥に遭ったり、またテントで一夜を過ごすと山賊に召し上げられたりと、安全な旅ばかりではなかったようである。

ハドリアヌス帝の帝国巡視

第一四代皇帝ハドリアヌスは、二一年間の在位のうち一二年間、帝国各地を巡幸した【図19】。その目的は、トラヤヌス帝の拡張政策を改め、帝国の防衛再整備・行政の調整、統合の象徴としての皇帝指示の周知徹底、および大のお気に入りであるギリシャの巡察であった。

「ハドリアヌス旅行はかなり簡素であった。同行したのは皇后のサビナ、詩人ユリア・バルビッラ、ケイオニウス・コンモドゥス、アンティノウス、官房や元首顧問会のメンバー、それに近衛師団の分遣隊である」と、『ハドリアヌス帝』に記されている。さらに建設関係者をも随伴していたと言われ、ハドリアヌスの長城やローマ水道最長距離のカルタゴ水道、キュレネ（リビア）、ハドリアナ（エジプト）等の都市づくりなど、数多くの公共工事も行われた。

道中の安全はもとより、ローマの留守政府との緊密な通信連絡が欠かせなかったはずである。一二年間も首都ローマを留守にして、帝国の統治ができたのは、官僚体制が優れていたこともあるが、街道の安全と通信連絡体制（駅伝／郵便制度）が素晴らしかったことの証明であろう。

旅行とガイドブック・観光ガイド

ローマ人は手紙好きであるとともに、旅行好きでもあった。旅行の種類には仕事、健康、祭り、神託所訪問、観光と巡礼、休暇のためと様々である。

医療・健康旅行

古代ローマ人には健康や癒しに関心のある人間が沢山いた。毎日のように公共浴場での入浴を楽しんだのもその表れであろう。健康のために、アスクレピオス（ギリシャ神話に登場する名医）崇拝や、霊験あらたかな鉱泉、そして温泉への旅行が盛んであった。アスクレピオス崇拝の聖域は三つ知られている。まずペロポネソス半島東部に位置する古代ギリシャの都市エピダウロス。最も古くからの医療の聖域として知られ、神話ではアポロンの息子アスクレピオスが生まれた場所とされている。一万七〇〇〇人も収容する円形劇場もあり、治療のための宿舎は一六〇〇もの部屋があった。部屋の殆どは四・五×四・五メートルで、かなり広い。大規模劇場があるぐらいだから、多くの人々が治療に訪れたのであろう。

次に「医聖」と呼ばれたヒッポクラテス（紀元前四六〇～紀元前三七七年）の生地であるトルコに近い南

東エーゲ海のコス島。ヒッポクラテスは、原始的な医学から迷信や呪術を切り離し、科学的な医学を発展させた。彼は、アスクレピオスの聖域で医療に従事した。

三つ目は、トルコのペルガモンの聖域。外科医として有名なガレノスが断続的に医療行為を行ったことで知られている。ここにも、三五〇〇人収容の劇場があるほど賑わっていた。

これらの医療行為には医学的根拠があったため、効果があった。そのためこれらの医療施設には、多くの患者が遠路はるばる訪れたのである。しかし、キリスト教の隆盛とともに、衰退の一途を辿るようになってしまった。

古代ローマ人が毎日のように公共浴場に通ったのは、健康のための側面もあったのだ。イタリア各地、特にプテオリ近郊の温泉場は人気があった。さらにヴィカレッロ・カップが出土したヴィカレッロの泉も温泉療養であろう。また、シチリアのリパリ島の温泉については、カエサルやアウグストゥスと同時代のディオドロスが「シチリアじゅうから、それぞれの病に悩むたくさんの人々が(リパリ島に)やってくる。……そして入浴によって、信じられないほど元気になる」と記している。何はともあれ、医療・健康旅行は盛んであった。

お祭り参加旅行

人々は、帝国内各地で繰り広げられる競技会や見世物の観戦等に出かけた。例えば、ギリシャでは五つの祭りが定期的、大々的に開催され、ギリシャのみならず帝国各地からの参加者も多かった。

一つ目が、ゼウスに捧げる有名なオリンピック競技。オリンピアで四年に一度の真夏に開催され、陸上競技を中心としたもの。二つ目が、アポロンに捧げるピュティア競技。四年に一度の春に、デルフォイの近郊で開催され、歌や舞踏が中心の国際音楽祭のようなものであった。三つ目がポセイドンに捧げるイストミア祭。一年おきにコリントスで開催され、陸上競技を中心に歌舞も含まれていた。四つ目が、ゼウスに捧げるネメア祭。ペロポネソス半島北東部のネメアで一年おきに開催され、陸上競技が中心で音楽も含まれた。五つ目が、毎年三月にアテネで開催されたディオニュソスを讃える大ディオニュシア祭り。酒と豊穣の神ディオニュソスを称える演劇コンテストであった。ともかく古代人はお祭り好きであり、戦争でさえもお祭り期間は中止としていたぐらいである。

これらの祭りには、帝国各地から多くの観客が集まった。その人気ぶりを示すように、暴君と称された第五代皇帝ネロ（在位五四～六八年）は、六六年～六七年にはアウグストゥス喝采団を引き連れギリシャに音楽武者修行をしに行ったり、オリンピア、デルフォイ等で行われた競技会に参加したりした。オリンピア競走祭では、「一〇頭立ての戦車すら馭した……ともかく彼は、戦車から振り落とされ、再び乗っても続走出来ず、予定の走路を終える前に断念してしまった。それにもかかわらず、勝者の冠を受け取った」と『ローマ皇帝伝』ネロ編に記されている。何しろ皇帝の出演・出場であるから、コンテストに勝たせないわけにはいかないのである。六八年初めのローマ帰還時には、一八〇八個の栄冠を持ち帰り、凱旋式もどきを挙行したとのことである。皇帝が、観客もまばらな閑散としたギリシャの劇場や戦車競走場に、わざわざ出向くわけがない。目立ちたがり屋のネロ帝は、もともと盛況のところに出演・出場したのである。そのぐらいであるから、遠路はるばる見世物見物にも多くの人々が来たことであろう。

また、帝国内で盛んに催された戦車競走や剣闘士闘技も、もともとは神や死者に捧げたものであり、開催地に近い町や村から多くの観客が集まったのである。

神託拝聴・祈願旅行

神に祈りを捧げる、ギリシャのデルフォイ、エーゲ海のデロス島等の神託所訪問も盛んに行われた。神託は、政治的指導者が国家の大事の決定をする時や、軍人が戦の吉兆を占う時に行われた。これら公用のみならず、個人が悩みの解決のためにも数多く訪れたのである。特に神が身近にいた古代は、神頼みが盛んであった。何をするにも犠牲の儀式を行い、吉兆を占う。

例えば、『ギリシャ案内記』には、アテネ南部の神殿での神託拝聴について「オロポス神殿のそばに泉があってアンフィアラオスの泉と呼ばれているが、人びとはこれに犠牲をささげないばかりか、禊《みそぎ》や、聖水に使用してもいけないと考えている。宣託の霊験あらたかに病を癒された人は、この泉の中へ銀貨や金貨を投げ入れるのが仕来りになっている。……アンフィアラオスの宣託を授かりにきた者は、まず最初に身を清めるべきだとされている。この場合の清めとは、同神に犠牲をささげることを言うが、参詣人たちは同神にはもちろん、更に加えて祭壇の上に名前のある、すべての神格に犠牲をささげる。それが一巡して完了すると、彼らはそれぞれが一頭の牡羊を犠牲に捧げたうえで、その毛皮を下に敷いて眠り、そして夢のお告げを待つのである」と記されている。

観光旅行

ヘロドトスは、「たくさんのギリシャ人がエジプトに行った。あるものはよくあることだが商売のために行き、またある者は、従軍するために。しかしその国を見るためだけに行く者もいたのである」と言っている。「見るだけのため」とは、観光である。紀元前五世紀には、観光旅行が行われていたのである。観光旅行としては、世界の七不思議を訪ねたり、ローマ・ギリシャ・エジプト等の遺跡・神殿や観光地を訪ねたりであった。

世界の七不思議【図20】とは、紀元前二世紀にビザンチウムのフィロンが選定したものでこれらの場所への観光旅行キャンペーンの意味合いもあった。ギザの大ピラミッド、バビロンの空中庭園、エフェソスのアルテミス神殿、オリンピアのゼウス像、ハリカルナッソスのマウソロス霊廟、ロドス島の巨像(灯台)、アレクサンドリアの大灯台の七つである。それぞれ巨大建造物で、当時の人々の度肝を抜くものであった。好奇心旺盛な金持ちはこれらの名所を巡り歩いたことであろう。したがって、重要な観光資源ともなった。

また、巡礼としてはキリスト教徒のエルサレム巡礼が代表的である。三一三年のキリスト教公認後、エルサレム巡礼が盛んになると、異教による神託はキリスト教に反するとのことで、神託所への巡礼は下火となってしまった。

休暇の旅行

ローマ人は遊ぶことが好きで、上流階級の人々はたくさんの別荘を各地に持っていた。例えば、キケロは六つの別荘を持っていた。人気のあった別荘地は、ローマ東方のティボリ近郊は避暑に、

ギザの大ピラミッド

バビロンの空中庭園

エフェソスのアルテミス神殿

オリンピアのゼウス像

ハリカルナッソスの霊廟

ロドス島の巨像

アレクサンドリアの大灯台

図20　世界の七不思議

ナポリ近郊のプテオリやバイアエは、避寒や避暑の温泉付き別荘が多数あった。バイアエには、ストラボン（紀元前六三年頃〜二三年頃）が『ギリシア・ローマ世界地誌』に記しているほど、豪華な別荘が多かったのである。

ガイドブック

ヘロドトスは世界最初の旅行作家であり、旅行ガイドブックの創設者とも言える。現代に残るガイドブックは『ギリシャ案内記』である。

パウサニアスは、二世紀後半にギリシャ全土を旅行してガイドブック、馬場訳『ギリシャ案内記』を書いた。彼が直接見聞してまとめた旅行記で、全一〇巻からなる。成立年代は一六〇年から一七六年頃と推定されている。訳者の馬場の紹介には「ギリシャ本土の山間僻地まで精力的に取材した詳細な案内記。巧みに設定した順路に沿って名所旧跡を案内し、そこに伝わる行事、宝物、ゆかりの神話を語る」と記している。

パウサニアスの記述は、現代のガイドブックに匹敵するほど正確である。例えば、アクロポリスについて「アクロポリスの入口は一ヶ所だけ。全体が切り立っていて、しかも頑丈な城壁で固められているので、別の入口をもうける余地がない。プロピュライアは屋根天井が白大理石造りで、その石材の大きなことといい、仕上げの美しさといい、私の時代まで他を圧倒してきた。騎士たちの像があるのだが、それがクセノフォンの息子たちなのか、それともただ単に美観を添えるために彫られたものなのか、私には確信できない。プロピュライアの右手にニケ・アプテロス（翼無き勝利女神）の神殿がある。……」と、記しており、順路に沿って案内をしている。さらに、オリンピアやデルフォイの神域に関する記述では、古代オリンピックやピュティア大祭等の競技会の施設や、優勝者を記念する彫像などについて、逸話も交えて描写しているのである。

パウサニアスは、その生涯で、ギリシャ以外にもマケドニアやパレスチナ、エジプト、イタリアなどを訪れている。パウサニアス以前にもガイドブックの前例は沢山あった。『古代の旅の物語』によれば、紀元前四世紀に、ディオドロスがアテナイのアクロポリスにある芸術作品について、案内書を記している。また、紀元前二世紀末に活躍したストア派の地理学者イリオンのポレモンは、『アテナイのアクロポリス』『スパルタの諸都市』『デルフォイの宝物庫』『イタリアとシチリアの入植地』『トロイア案内』等を残しているが、現存していない。パウサニアスはこれらの先人に学んだのであるが、先人たちは一つの場所やモニュメントに焦点を当てて書いているが、彼はギリシャ全土を網羅しているのである。

この時代の本は、パピルスや羊皮紙に書かれており分厚く、現代のガイドブックのように持ち運びは容易ではなかったと思われるが、召使等に持たせたのであろう。

観光ガイド

観光ガイドについて、ヘロドトスは著書『歴史』に、「ピラミッドにはエジプト文字で、労働者に大根、玉葱、ニンニクを支給するために消費した金額が記録してある。私は通訳がその文字を読んで聞かせてくれたことをよく記憶しているが、その金額は銀一六〇〇タラントンにも上っていた」と、通訳＝ガイドの存在を記している。ルキアノスは『風刺寸劇』に、「私はディオニュソスの聖域を歩き、絵を一つずつ眺めていました。……するとすぐに、二、三人の人々が私のほうに走ってきて、安い値段で、それらの絵のすべてを教えてくれました」と記している。また、キケロはウェレスの弾劾裁判で「シラクーサのガイドたちは、案内の方法を全く変えてしまった。

以前は、彼らはそれぞれの作品がどこにあるのかを説明していたものだったが、今では、それぞれの作品がどこから盗み去られたかを説明している」と、記している。エジプト、ギリシャでもシラクーサでも、観光地にはガイドがおり、案内をして生業にしていたのだ。商売になるほど観光客が多数押し寄せたということなのであろう。

第四章
ローマ街道の建設技術

八万キロメートルにもわたる、舗装された幹線のローマ街道。これらは主に平原に敷設されていた。しかし、広大なローマの領土には、山脈も大河もあった。軍事用道路の構造は、どのようなもので、そしてどのような技術で、大規模な橋梁やトンネルを建設したのか。「道路建設の技術とは、どのようなものであったのだろうか」という第四の疑問を解明する。

ローマ街道の構造

道路とは、「人や車などの通行する道」である。古来より、歩行者の数、そして車両の形式や数量、地形・地質や気象等の条件により、無数の種類の道路がつくられてきた。したがって、属地性が非常に強いのである。特に道路の施工については、現地で得られる材料を第一に考えなければならない。特別な短距離の道路、例えばバビロニアの行列道路のような神々の祭礼用の道路なら、特注の大理石等の材料を遠方より運搬してくることもある。しかし、数百・数千キロメートルの道路の資材を、遠方より運ぶことはあり得ない。手近に使用できる材料で施工を考えて、道路を建設するのである。

道路を建設する位置の土質・岩質について検討してみよう。ヘドロ・砂・粘土・礫・軟岩・硬岩などである。深さ一メートル程度のヘドロなら、礫や砂に置き換えればよい。三メートルの深さでは、置き換えは困難なので、杭による施工であろう。しかし五メートルもの厚さになれば、回避することになる。また、柔らかい砂では締め固めに時間が掛かる。一方、締まった礫では締め固めの必要はない。軟岩での掘削はツルハシが、硬岩ではノミが主体となる。

ともかく、一律に規定出来るものではなく、これが土木施工が「経験工学」と言われる所以である。水道については、フロンティヌス（紀元四〇年頃～紀元一〇三年）著『ローマの水道書』がある。しかし残念ながら、道路についてはローマの時代のまとまった書物がない。中世あるいは近世の研究者による書物しかないため、断片的なものや、過大・過小評価したものが多く、全貌を掴むことが難しい。当時の資料として、『プルタルコス英雄伝』や、ウィトルーウィウス（紀元前八〇年頃～紀元前一五年頃）著『建築書』が道路の構造について記述しているので、紹介する。

『プルタルコス英雄伝』ガイウス・グラックス編に、道路について以下のような記述がある。「道路の建設については何よりも心を砕き、実益とともに快適さと美観にも意を用いた。すなわち現に、その道路は曲がらずに真直ぐに地方をはしり、ある部分は切りとりとのえられた石で舗装され、またある部分は砂を撒いて固めて、厚く蔽われた。また窪みは埋めたてられ、急流でけずられたところや裂け目には橋がかけられ、道の両側の高さが、均一にしかも平行にさせられたので、工事は全体にわたって一様で美しい外観を呈した。それに加えて、どの道路もローマ・マイル（一・四八キロメートル）すなわち八スタディオン弱をもって分かち、その距離を示す里程標石をたてた」。ここでは、道路の直線性とマイル標石について記述されている。

ガイウス・グラックスは「パンとサーカス」のパン、すなわち小麦の廉価配給を行ったティベリウス・グラックスの兄で、中小農民兵救済のための農地法や、道路の建設や改修に努めた護民官である。急進的に改革を進めたため、反対派により暗殺されてしまった。この事件がローマ内乱の一〇〇年の幕開けとなる。

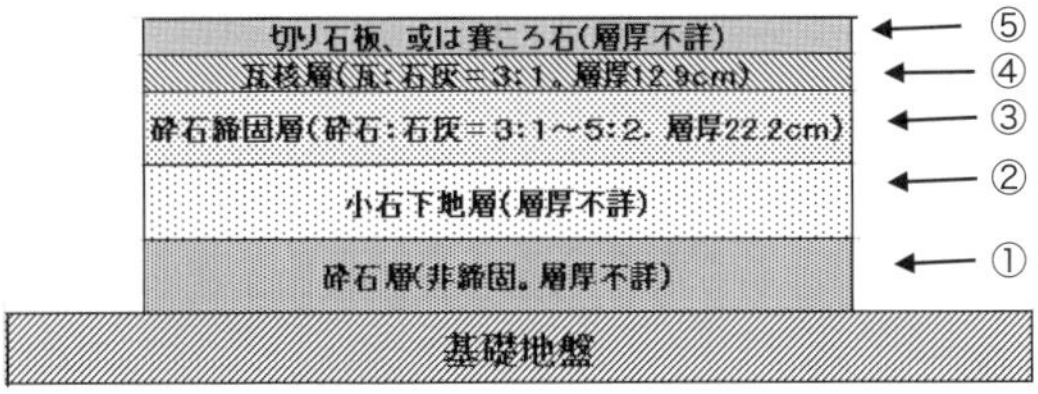

図21 『建築書』による道路の構造

別記1 ウィトルーウィウス『建築書』第7書

「地盤面に砕石床をつくる場合には、地面が連なって強固であるかどうかが調査され、もし強固であれば地均しされ、それから下地拵えをして①砕石が導入される。……。次いで、その上に手のうちに握ることができる大きさよりも小さくない石で②下地が造られる。下地造りができたなら、砕石が、それが新しい場合には、それの3に対し1の割合で石灰が混合される。砕石が一度使われたものである場合は、5対2の混合割合とする。次いで砕石が敷きこまれ、そして10人1隊が導入されて、木の搗き固め棒で密に搗き固められる。③その結果、搗き固めは、厚さで4分の3ペース(22.2cm)を下らない。その上に瓦(屑)3対石灰1の混合比をもつ瓦(屑)からつくられた④核が、7ディギトゥス(12.9cm)を下らない層の厚さに敷き込まれる。この核層の上に⑤切り板石あるいは賽ころ石で真っすぐに水平に舗床がつくられる」

一方、カエサルやアウグストゥス帝の時代の技術者、ウィトルーウィウスの著作『建築書』第七書には、舗装道路の施工方法が詳細に記述されている。別記1の記述と図21の番号を見ながら、一読をお勧めする。

『建築書』の舗装の施工法【図22】からわかるように、現代の道路工事との違いは、機械か人力の違いだけである。道路構造は不明なところもあるが、五層構造の堅牢なものとなっている。このような基本的な道路の作り方を規定した書物がローマ帝国内を流布し、堅牢なローマ街道網をつくることができたのであろう。決して建設技師の秘伝ではなかったのだ。

しかし、道路建設はマニュアル通りのものをつくれるというわけではない。現地で使え

図22　道路の作り方

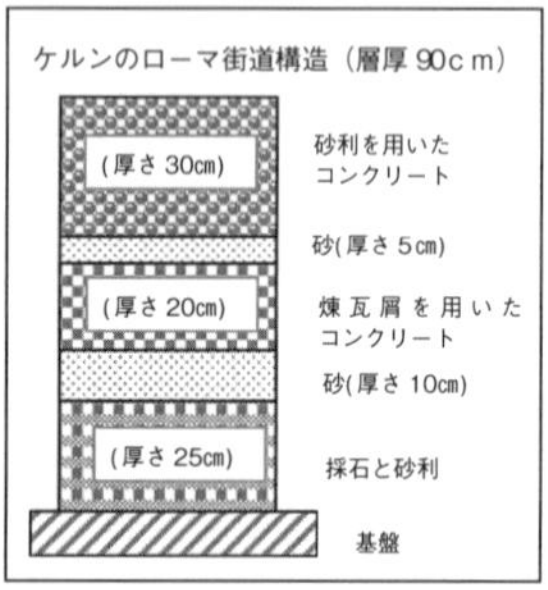

図23　ケルンのローマ街道

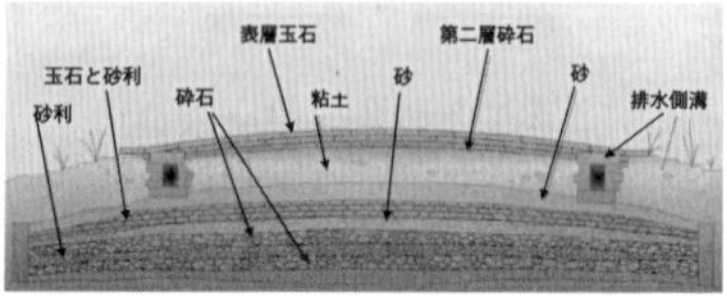

図24　英国のローマ街道

る材料や基礎地盤の強度により、道路の構造は変わる。ドイツのケルン及び英国の事例を示す。ケルンの事例では、五層構造で厚さが〇・九メートルである【図23】。ここで大きな特徴は、砂利や煉瓦屑を用いたコンクリートを使用したこと、表面に敷石を使用していないことである。

ケルンはアグリッパがつくった植民市で、ライン川に面し、属州下ゲルマニアの首都として栄えた町であった。この地帯は石灰岩が多く、セメントの生産が行われていたのであろう。道路にコンクリートが用いられただけでなく、水道用トンネルにもコンクリートが多用されていた。ちなみにフランス語で「ケルンの香水」を意味するコロン(オーデコロン)は、もともとケルンの水を原料としたことから始まり、世界共通語のコロンに転訛したのである。

一方、英国の事例では、粘土・砂・砂利・玉石等の自然発生材を使っている【図24】。このように、場所により道路に使われる材料は大きく異なるのである。道路の表面には、横断方向に勾配を付け、排水側溝に流すものが多い。また、幹線道路では、ポンペイの街路のように、車道と歩道を分離したものもある【写真7】。ともかく色々な形式があるのだ。

　では、我が国の道路はどのようであったのだろうか。鈴木敏著『道』によれば、「日本の陸路における交通手段は、古来から徒歩か乗馬によるもので、せいぜいが短い距離を行く牛車が見られる程度であった。機動力のある馬車が登場したのは、ヨーロッパ文明が入ってきた江戸末期から明治初めのことである。したがって、路面にそれほどの強度は必要とせず、せいぜい砂や小石をまき散らした程度の土を踏み固めたものでよかったのである」と記して、街道の石畳舗装の存在を否定している。ただし、松金伸著『古の石畳「箱根旧街道」』によれば、「箱根は関東ローム層で、雨が降れば滑りやすく、難儀した。この解消のため、当初は、箱根竹を敷く方法によりすべり止めをしていたが、維持管理費が掛かる為、一六八〇年江戸幕府は石畳を採用した」とある。石畳舗装の採用は特殊な場所だけであったのだ。

写真7　ポンペイの街路

　現代の高速道路の構造は、ローマ街道と比べてどのようになっているのか。第二東名高速道路の舗装構造【図25】を示す。一般によく使用されているアスファルト舗装の場合、五層構造で路床厚さ（三〇～一〇〇センチメートル）にもよるが、厚さ〇・九～一・六メートル程度。路床工とは、土を何層かにして締め固めたものであり、上部の荷重を下の地盤に伝えるものである。したがって、道路構造は、二〇〇〇年前のローマ街道とそれほど変わらない。ということは、二〇〇〇年間でそれほど技術の進歩はなかったというのか。あるいはローマ人、更にその前のクレタ人やバビロニア人は偉かったと言うべきなのか。

道路の幅

　では、道路の幅をどのように規定していたのだろうか。当然、幹線道路、支線道路によって必要道路幅員は変わる。前記したように、紀元前四五〇年につくられたローマ初の成文法、十二表法・第七表で、最低道路幅員について「通常部二・四メートル以上、屈曲部四・八メートル以上」と規定している。さらに、道路の維持管理は土地の所有者と決めている。この時代には、かなりの数の道路がつくられており、それらの規模等を規制する必要があったのである。ここで注目すべきは、道路幅が二・四メートルという点である。これでは車両の交換はかなり困難である。ちなみに、鉄道の狭軌幅一・四三五メートルは、カエサルが規定した馬車の車輪幅に起源があると言われている。この時代はまだ、車両通行はあまりなかったのであろう。

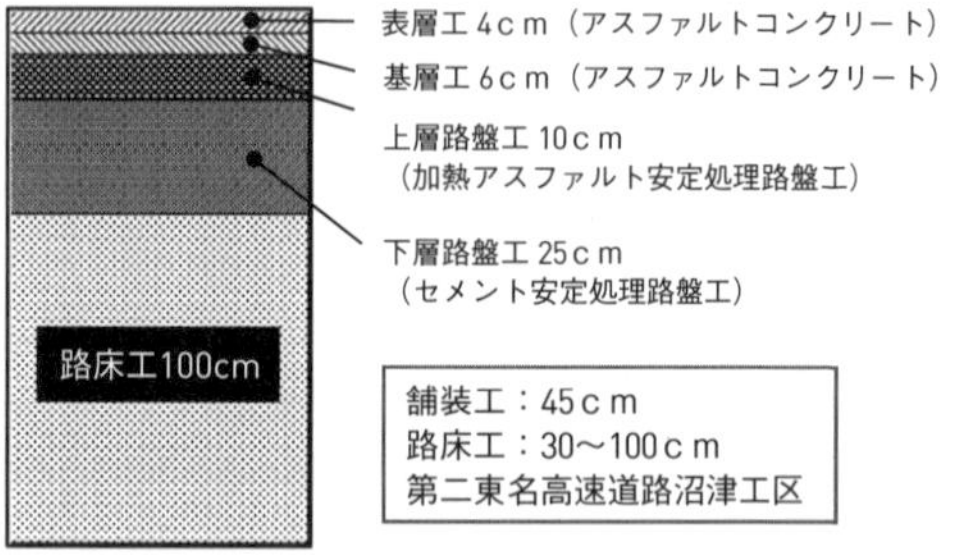

図25　第二東名高速道路の道路断面

　ローマ街道の道路幅は千差万別で、交通量の比較的多い街道は三・五メートル～五メートル。幹線道路では八メートルのものもある。山道は一般に狭く、スイスのサンモリッツに近いユーリアー峠の街道は、二・七メートル～三・四メートルである。

別記2

十二表法 第1表

- 裁判に出頭を求められた者は出頭しなくてはならない。彼が出頭しない場合、彼を訴えた者は証人を呼ばなければならない。そうした手続きを踏んだのちそれでも出頭しなければ、訴えた者は彼を捕らえることができる。
- 出頭を求められた者が逃げたり、無視した場合、彼を捕らえることができる。もし病気や老齢により出頭が困難である場合は、彼に馬車が用意されること。彼が望まなければ、幌で覆われている必要はない。
- 土地所有者の債務保証人には土地所有者がなること。無産者の債務保証人にはすべての市民がなることができる。
- 裁判の当事者達が合意に達したときは、それを宣言すること。合意しない場合は、午前中にフォルムでそれぞれの言い分を主張すること。当事者本人同士が論じ合うこと。午後になってから法務官が判決を下す。当事者の両方とも出席している場合、裁判は日没で終了すること。

十七条憲法　第1条

- 一に曰く、和（やわらぎ）を以て貴しと為し、忤（さか）ふること無きを宗とせよ。人皆党（たむら）有り、また達（さと）れる者は少なし。或いは君父（くんぷ）に順（したがわ）ず、乍（また）隣里（りんり）に違う。然れども、上（かみ）和（やわら）ぎ下（しも）睦（むつ）びて、事を論（あげつら）うに諧（かな）うときは、すなわち事理おのずから通ず。何事か成らざらん。

十二表法の名前は、一二枚の銅板に記されたことに由来する。この法律はもともと、平民と貴族のごたごたを解決するためのものであり、当時の先進国アテネに、共和政ローマの元老院議員を派遣調査して作ったものである。法の内容は、民事訴訟、債務、家族、相続、財産、不動産、葬儀、結婚、不法行為、犯罪など、多岐にわたる法や規則が定められている。十二表法の理念は、原則的には帝政期にまで引き継がれたと言われている。特に第一表〜三表は、将来の多民族国家を意識しているかのように、裁判についてこと細かに規定している。

一方、日本の初の成文法は、六〇四年に成立した聖徳太子の十七条憲法である。これは、官僚や貴族に対する道徳的規範を示しており、十二表法のような具体的な法律ではない。第一条は有名な「和をもって貴しと為し」である。別記2に、十二表法の第一表および十七条の憲法の第一条を比較表示した。十二表法作成の原因は貴族と平民の争いと記したが、当時のローマは、サビニ人やエトルリア人をも包含した多民族国家であった。関係する民族が多くなれば、風俗・習慣・考え方が違うので、いざこざが絶えないはずである。その決着をつけるためには、裁判の基準が必要である。一方、単一民族では、風俗・習慣・考え方が同じなので、「和」を基準とすれば、細かな法を決める必要がないと考えたのであろう。多民族大国家を目指す古代ローマと、単一民族を保持しようとする日本との、嫌になるほどの彼我の差を感じてしまうのである。

軍隊とローマ街道の建設

アッピア街道がサムニテス族との戦争の補給路として建設されたことや、軍事用道路の必要要件については、既に説明した。ここでは、戦争の名手アレクサンドロス大王がどのように、軍事用道路を建設したか、また、ローマ軍団が行軍でどのような土木作業を常としたかを紹介する。アレクサンドロス大王軍団、ローマ軍団ともに、戦闘集団兼土木作業集団と言っても過言ではないのだ。

アレクサンドロス大王東征

アレクサンドロス三世（在位紀元前三三六～紀元前三二三年）の一〇年にも及ぶ東征は、紀元前三三四年のマケドニア出発から始まった。紀元前三三三年、アレクサンドロスはシリアのアンティオキア北西のイッソスにおいてダレイオス三世率いるペルシャ軍一〇万人と決戦、勝利する（イッソスの戦い）。紀元前三三二年にはエジプトを征服し、ナイルの河口に近い場所に都市アレクサンドリアを建設した。紀元前三三一年、アレクサンドロス軍四万七〇〇〇人は、ティグリス川上流のガウガメラで、二〇万人とも三〇万人ともいわれたダレイオス三世指揮下のペルシャ軍を打破（ガウガメラの戦い）、ペルシャ王国を滅亡させた。更に小アジア、インドに侵攻し、紀元前三二六年にはインダス川を越え、インドのパンジャブ地方に入った。ここを遠征の東端として、帰路、インダス川を探検し、ペルシャの都スーサに戻り、バビロンで、紀元前三二三年熱病で亡くなった。彼の遠征ルートを図26に示す。

彼の得意な戦法は集団密集作戦である。一〇年にもわたる遠隔の地での戦争を遂行するには、現地調達が主であろうが、母国マケドニアからの人的補給も必要であった。敵地での会戦では、敵の度肝を抜く戦場への迅速な到達が欠かせない。それも数万人の軍勢であるから、源義経の鵯越《ひよどりごえ》の逆落しのような小規模奇襲作戦は使えない。困難な箇所への大規模進入路作成が必須であった。具体的には、紀元前三三三年のトルコ・ペルゲ（トルコ南西部アンタルヤ北東約一八キロメートルの町）の山越えや、翌年のテュロス（南レバノン）の攻城用築堤工事である。

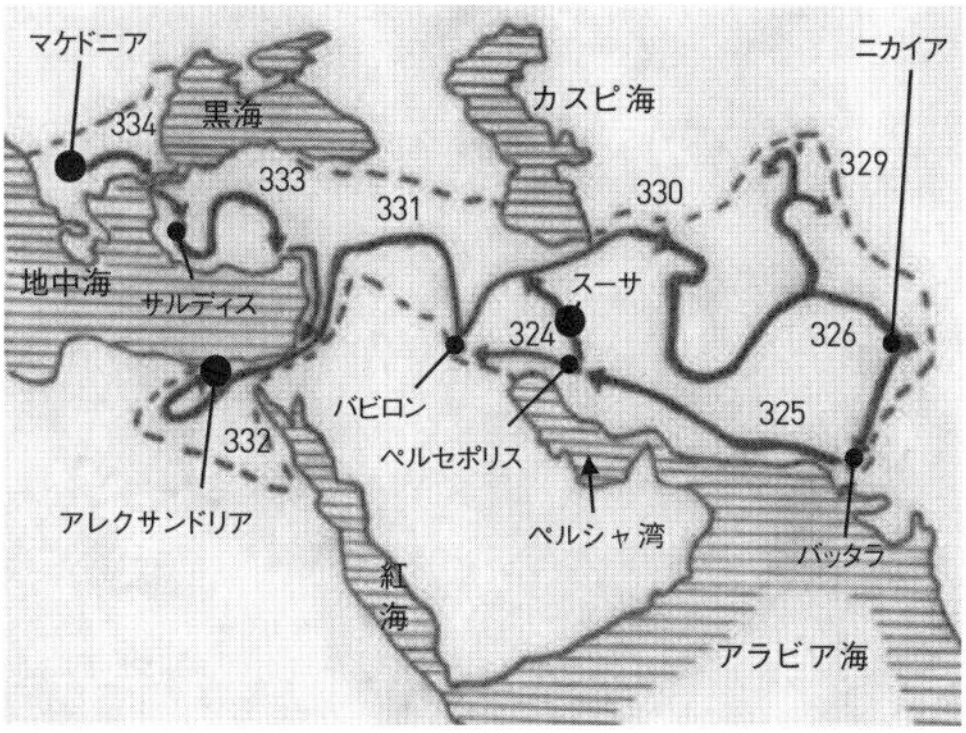

図26　アレクサンドロス大王東征図

アレクサンドロス大王東征記には、紀元前三三三年の遠征を「アレクサンドロスはパセリスを出発すると、軍の一部には山地帯を抜けてペルゲへ向かわせた。その道は、トラキア人部隊が彼のためにあらかじめ造成しておいたもので、そうでもしなければ、行軍にも困難な長い道のりであった」と、道路建設隊の存在を記述している。

また、紀元前三三二年、カルタゴの母市でもある海上の城郭都市テュロスを、七ヶ月かけて攻略。この戦争のため、本土とテュロスの間の幅一キロメートル、最大水深約五メートルの水路を、木杭と石で埋め立てたとのことである。これも大築堤工事である。

フェニキアの港市の中でも最大で最良の港湾施設を持っていたのがテュロス。紀元前一〇世紀に領主ヒラムが、陸上から六〇〇メートル離れた海上に建設した人工島であった。その際につくられたのが、天然の北港である。後に、海上交易の増大に対応して人工の南港が造成された。これらをアレクサンドロス大王は力攻めで滅ぼしたのである。七ヶ月もかかったということは、テュロスが堅固で経済が豊かであったためである。

アレクサンドロス軍は、道路建設をはじめとした大規模土木工事も、お手の物であった。アレクサンドロスといい、カエサルといい、古代の英雄は大建設技術者でもあった事例が多い。

ローマ軍団の兵装と建設技術

ローマの陸軍は、「農民の軍隊」とも言われ、土木作業にも通じていた。したがって、道路建設もお手の物である。なぜローマ軍人は土木工事が得意かというと、行軍中、毎日のように宿泊する陣地設営の土木作業に従事していたからである。

ポリュビオス（紀元前二〇四年頃～紀元前一二五年頃）著『歴史』によると、執政官軍団の行軍中の仮陣営【図27】では、防衛のため堀と柵を構築している。同図の軍団は、二個市民軍団と二個同盟軍からなる総員約一万八〇〇〇人で構成されている。陣営の周囲は、一辺延長六四五メートル×四面の防御壁をつくっていた。しかし、堀と柵の断面規模については記述がない。その構築の担当は、軍団及び同盟軍がそれぞれ二面ずつと決められていた。ポリュビオスは、ギリシャ人は土地の形状に合わせて野営地の配置を決めていたが、ローマ人はその配置を定型化していたと述べている。ワンパターンと言われようとも、それを押し通す強さが、ローマ軍にはあるのだ。

また、「世界史上人類が最も幸福で繁栄した時期は五賢帝の時代である」と喝破した一八世紀の英国の歴史家ギボンは、著書の『ローマ帝国衰亡史』に、ポリュビオスが示した防壁について以下のように記している。「囲壁はふつう高さ一二ローマン・フィート（三・六メートル）であり、頑丈に絡み合った柵で守られ、深さ幅とも一二ローマン・フィートの堀をめぐらしてあった」。

参考のために、紀元前五二年にカエサルが構築したアレシアの復元包囲壁を写真8に示す。その中にギボンの記述した数値を挿入した。堀・柵があり、監視塔もある。仮陣営の防衛壁は、これほど大規模ではなかったと思われるが、イメージは掴めるであろう。しかし、こんな大規模な堀や防壁を毎日つくっていたのだろうかと疑問に思い、計算をしてみた。

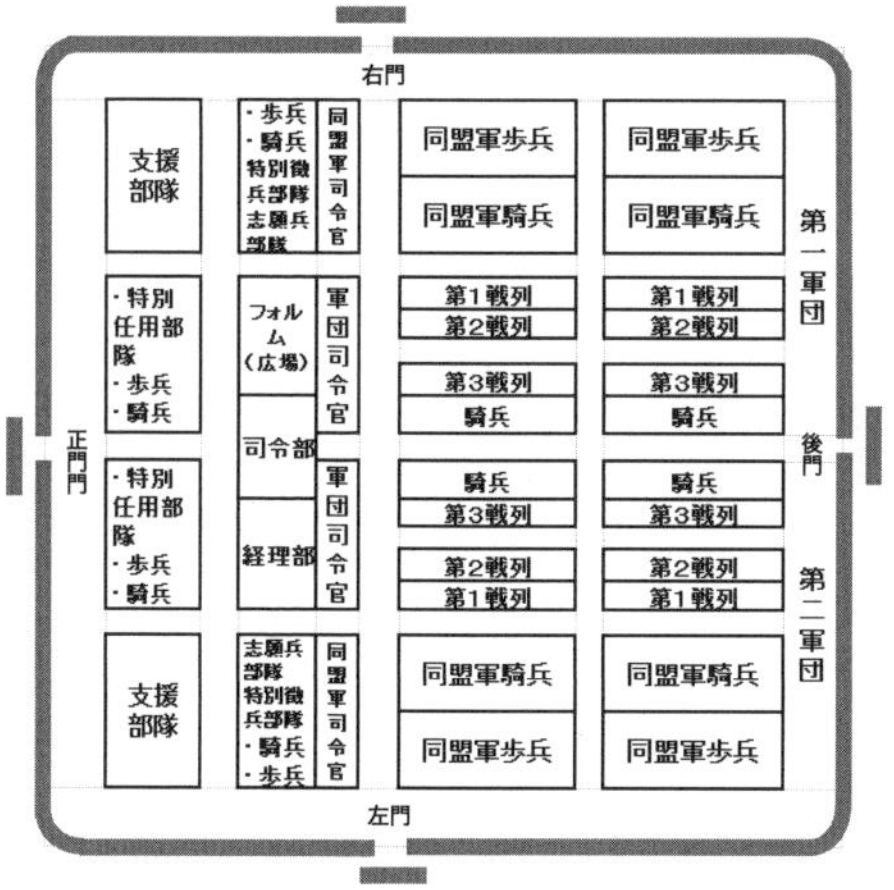

図27　執政官軍団の行軍中仮陣営

たとえば、堀の断面を、ギボンが記している三・六メートル×三・六メートルと仮定すると三三四〇〇立方メートル、一メートル×一メートルと仮定すると二五八〇〇立方メートルも掘削・土の盛り立てを行わなければならない。軍団全員が取り掛かったとして、一人当たり一・九立方メートル、或いは〇・一四立方メートルの作業量となる。実際には先着軍団兵が担当したのであろうか

写真8　アレシア包囲壁復元

ら、兵士一人当たりの作業量は数倍になっていたであろう。現在の土木作業員の人力掘削能率は、一人一日一立方メートル程度と言われている。行軍が終わってからの堀や土塁づくりである。ローマ軍団の兵士は、いかに体力があり、マネジメントを含めた土木作業の能力が高かったかが分かる。なにしろ、ローマ軍団兵の標準行軍装備に、ツルハシとスコップが入っているぐらいである。しかし、ギボンの記述する「堀の断面を三・六メートル×三・六メートル」は、いくらなんでも過大ではないかと思うが、読者諸氏はどのように考えられるだろうか。

これに比較して、戦国や江戸時代の軍団の移動時の兵装は、どのようなものであったのだろうか。足軽隊は槍や刀・鉄砲を持参していたが、鋤《すき》や鍬《くわ》を携行していたという話は聞かない。ローマ軍と戦国日本軍が攻城戦で同じ武器を持って戦ったら、残念ながら、戦国日本軍のほうが、分が悪かったのではないだろうか。

なお『ガリア戦記』によれば、「八年にわたるガリア戦争で、カエサルはわずか四、五万の軍団兵と、ほぼ同数の援軍とでもって、三〇〇万の敵とわたり合い、百万人を殺し、一〇〇万人を捕虜とし、八〇〇の町を陥れ、三〇〇の部族を屈服させたといわれる」とある。この記述が正しければ、カエサル軍団は莫大な数の仮陣営の設営作業を行ったことになる。

ローマ軍団＝プロの建設技術屋集団と言っても過言ではあるまい。帝政期には約三〇〇万人の兵員がいたのである。三〇〇万人のプロ建設技術者集団である。ローマ軍団兵を、道路やその他イン

別記3 アッピア街道の暫定施工
・施工数量：①延長200km。②道路幅3m。③道路改良深さ1m。
・施工能率：①掘削：1m^3／人日。②埋め戻し：1m^3／人日。③砕石等材料運搬：1m^3／人日。④石灰練混・搗き固め：1m^3／人日。
・年間作業日数300日
・必要延人数＝200,000m×3m×1m×（1＋1＋1＋1）人／m^3＝2,400,000人日→1日当たり作業員数8,000人
・一番の問題は、砕石が手近な所で入手できるかである。
ここでは計上していないが、幹線道路となると、堅牢な擦り減りに耐えられる大石による舗装が必要である。大石の加工と運搬が最も問題である。アッピア街道の敷石は直径が平均45cm、厚さが平均20cm、重さが100kg程度とのことである。このような敷石をどの程度の労力で得られるかが、ポイントである。

フラ建設に振り向ければ、数多くの構造物をつくることが可能であったのだ。

紀元前三一二年、ローマ軍は、首都ローマからカプアまでのアッピア街道二〇〇キロメートルの建設を一年間で完了した。この建設のための所要人数は、どの程度必要であったのか、別記3に算定した。アッピア街道は当初、戦時用の暫定施工とのことで、道路幅員三メートル、基礎地盤から道路表層までの高さを一メートルと仮定する。掘削、埋め戻し、砕石等材料運搬および、石灰練混・搗き固めを、それぞれ一人一日当たり一立方メートルと仮定すると、別記の計算から八〇〇〇人程度の軍団兵が従事すれば、一年間あれば可能である。したがって、十分な人数さえあれば、一年間で施工はできる。

また、道路工事のような単純な仕事だけではなく、土木技術もレベルが高いのである。カエサルのライン河橋梁建設は、四〇〇メートルにも及ぶ橋梁を作業船（筏）の製作も含めて、わずか一〇日間で成し遂げてしまっている。設計も建設も、そしてマネジメントも、卓越した力がなければ到底できない。施工計画をつくるのに、シビル・エンジニアでもある筆者も頭をひねるほどである。そのような優れた建設技術力があったのだから、ローマ街道をつくることは朝飯前だと言えるのではないだろうか。

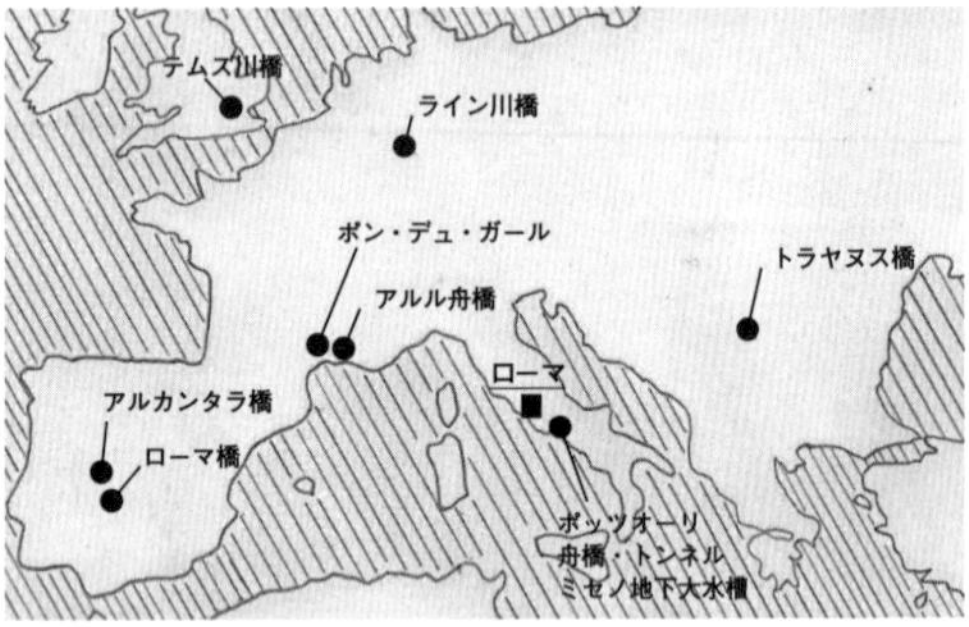

図28　ローマ街道の著名な橋梁とトンネル

橋梁とトンネル

道路交通の大きな障害は、大河川であり山岳である。これらを避けるために、迂回を余儀なくされることがある。迂回を避けるため、大河に橋を架けたり、山にトンネルを掘ったりすることになる。それには大変な技術力を必要とする。現在のように、大型の建設機械やダイナマイトがあったわけではないのに、建設期間は驚くほど短いものが多い。そして、二〇〇〇年間も使用され、残っているものも幾つかある。

石の文化とはいえ、二〇〇〇年の間に大地震や大洪水を受けたものもあり、それでも残っているというのは凄いことである。なぜそのようなことが可能であったのか、そしてローマ軍団がどのように橋を架け、トンネルを掘ったのか、図28に示す構造物について紹介する。

橋の建設

ローマ街道は、基本的に軍事用道路であった。それを商用や一般の通行にも利用したのである。軍事用と商用のバランスの中で、維持管理が行われたり、見棄てられたり、破壊されたのである。特に争乱の地、ライン川やドナウ川地域では、軍事用目的が完了して破壊されたのが、紀元前五四、五三年夏の、カエサルによるライン川橋梁であり、一一七年のトラヤヌス帝によるドナウ川橋梁である。その凄まじい建設の状況を紹介する。

カエサルのライン川橋梁

　カエサルは著作の『ガリア戦記』に、紀元前五四年夏のライン川渡河の橋梁建設状況を詳しく記している。彼は有能な軍人・政治家であるとともに、『ガリア戦記』や『内乱記』等、素晴らしい書物を多数著作している文筆家でもある。一人称で記述しているのが非常に新鮮であり、現代に生きていれば、ノーベル文学賞間違いなしであろう。さらにプレイボーイなのだ。ともかく、羨ましいほどの万能の人物である。

　カエサルは、ライン川を押し渡り、東側に居住するゲルマン部族を制圧しようと考えていた。その折、彼は友軍のウビイ族から、ライン川渡河用船舶の提供を申し込まれた。しかし、安全性の観点及びローマ国民の尊厳から申し出を断り、船ではなく、橋の建設を選択したのである。彼は、戦記の中に、建設は「レヌス川の広い幅や急流や深さのため、非常に困難と思われた」と記している。しかしわずか一〇日間で架橋を完成させ、敵地に侵入し目的を達成すると、一八日後には退去して橋を破壊してしまった。軍事的制圧の目的を達成したら、もう用はない。存置すれば、敵のローマ領内への侵入を容易にしてしまうからである。

　ローマの文明博物館に『ガリア戦記』を再現した、ライン川橋梁

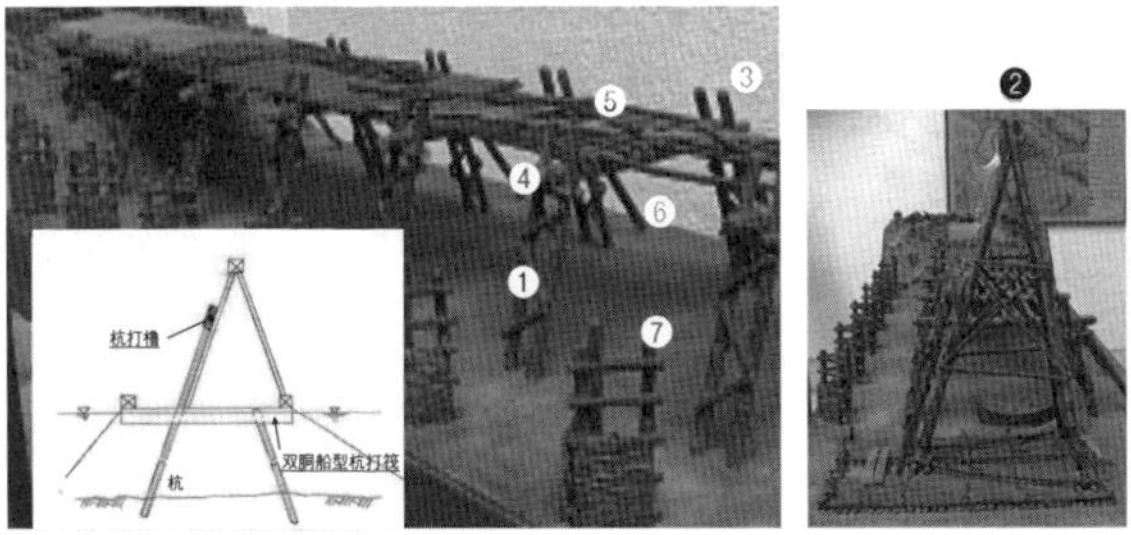

写真9　ローマ文明博物館のカエサルのライン川橋梁模型と杭打筏

別記4　『ガリア戦記』のライン川の架橋方法

・「太さ45cmの材木①を2本ずつ、根本の方を尖らせ、川の深さに合わせながら丈の寸法をとっていく。この2本の橋杭の間隔を60cmとし、この1対をぐらつかぬように縛りつける。橋杭は滑車装置で水の中に沈められ、川床に固定され、撞込機②で打ちこまれる。ただしこの時、ふつうの杭を打つように、水面に垂直ではなく、川の自然の流れに沿って川下へ斜めに傾けた。次にこの1対と向き合って、1.2m（?）の間隔をおき、今度は川下（川上では?）の方に、同じ太さの2本の杭③を同じように固く縛って、川の押し流す力にさからうように川上へ傾け、川床に固定させた。これら上下の1対の橋杭の上に、太さ60cmの橋桁④が渡され、その両端は、縛られている2本の橋杭の間にさしはさまれた。そして2対の橋杭が一定の間隔を保ちつつ、杭と橋桁の末端が、2本ずつの締め金で締めつけられた。こうしてできた構脚は、非常に頑丈で水流の圧力が増大するにつれ、いよいよ固くひきしまるようになっていた。

・これらの構脚は、この上にこれらと垂直に置かれた横木で、次々と連結され、さらにその上に棒と枝編細工⑤とで床が張られていった。これにさらに、橋の下手の方に、杭⑥が斜めに打ちこまれ、これがちょうど城壁の控え壁のように橋杭の支柱となり、全体の構造としっかり結びつけられ、水流の力を受け止めていた。

・同様に別の杭⑦を、今度は橋から上流へ少し離れたところに打ち込み、もし原住民が橋を破壊しようとして、丸太とか船を投げ込むと、この杭が防堤となり、丸太などの衝撃力を殺ぐか、少なくとも橋を傷つけられぬようにした。

・架橋資材を集めはじめてから10日間で、全工事が完成し、軍隊がこれを渡る。……カエサルは……ゲルマニア人に恐怖の念を打ち込み、……。ローマ国民の名声と利益のため、十分な成果を上げたと考え、全部で18日間をレヌス川の彼方で過ごした後、ガリアに帰り橋を壊してしまった」

と杭打ち筏の模型がある【写真9】。『ガリア戦記』にはライン川の架橋方法が記述されている【別記4】。文中の番号と写真の番号が一致しているので、模型を見ながら文章を読んでいただければ理解しやすいものと思う。

筆者は、世界一の吊橋・明石海峡大橋の建設に携わった技術者でもある。この文章を読んで、本当だろうかと驚いてしまった。ライン川橋梁建設の凄さは、以下の三点である。

•カエサルの橋は、ケルンとボンの間にあり、川幅約四〇〇メートル、水深最大八メートル、流速毎秒二メートル程度と想定されている。橋を架けるには非常に厳しい条件である。杭だけで約二七〇本。そのうち、約六割が斜杭である。これを、材料の調達、船の製作、橋の建設と、一〇日間で成し遂げたのだ。

一〇日間で完成させるには、現代の杭打ち船とクレーン船を使っても、各々三隻程度必要である。カエサルの時代に一〇日間で完成させるには、木製の杭打ち機や、クレーンを搭載した作業筏を使用した。各々一二隻程度が必要である。数万人の軍団兵がいたのであろうが、それをまとめ、急速施工を可能にしたのである。ともかく驚くべき技術力とマネジメント力を発揮したのだ。

•水深が大きい急流箇所に直杭を存置すると、大きく振動したり、変位したりすることがある。この振動・変位を避けるため、斜杭方式を採用したのである。写真9のように、斜めの櫓に沿わせて杭を打設する必要があり、直杭と比較すると、大変難しい。特に、上下流一対の斜杭が近接していると、杭打ち筏の構造と配置に頭を捻らなければならない。

ローマ文明博物館の模型の杭打ち筏では、近接した斜杭を打ち込むことは出来ないのだが、中抜きの双胴船型の杭打ち筏なら可能である。振動・変位現象を知っていて、その対策を立てていることは凄い。ただ、「一対と向き合って、一・二メートル の間隔をおき」の記述から、橋の通行可能幅が一・二メートル以下となる。そうすると軍団兵は一列縦隊でしか通行できず、敵地への侵攻・退去に大変な時間がかかってしまう。これは何かの間違いであろう。

•敵は上流より流木等を流し、橋の破壊を企てる恐れがある。その対策として、上流側に三本一組の防衛工を設置している。このような予防防衛を考えられるのは素晴らしいことである。

ともかく、二〇〇〇年も前に、ローマ軍の技術力・マネジメント力を見せつけられては、どんな蛮族も意気消沈したのではないだろうか。恐ろしきローマ軍団である。特に指揮官カエサルは、前記したように政治家・文筆家、そしてプレイボーイ。彼は一体どのような頭の構造をしていたのだろうか。

ちなみにこの地は、今も昔もビール生産の盛んな地。ローマの歴史家タキトゥス（五五年？〜一二〇年？）は、著書『ゲルマニア』の中で、ゲルマン人の飲むビールについて、「大麦または小麦から作られ、いくらかブドウ酒に似ているが、品位の下がる液体」と記述している。好奇心旺盛なカエサルは、ゲルマン人のビールを飲みながら戦略を考えていたのかと思ったが、彼は下戸とのことである。

『ローマ皇帝伝』カエサル編に、「酒はほとんどまったく嗜まなかった。このことはカエサルの政敵すら認めている。『後にも先にも、カエサルがただ一人だ、白面で国家転覆をはかった奴は』と言うのは、マルクス・カトの言葉である。実際彼は食べ物に関しては至極淡白であったと、ガイウス・オッピウスは教えてくれている」と記述されている。英雄、色を好むが、酒豪ではなかったようだ。

さらに『ガリア戦記』に、次の年、紀元前五三年のライン川橋梁再建設が、次のように書かれている。「前に一度軍隊を渡していた地点より少し上流に、橋を架けることにする。兵士らはすでに架橋に経験を持ち、その方法を心得て、一生懸命に精出したので、わずか数日のうちに橋が完成する」とある。そして作戦が完了すると、今度は全橋破壊ではなく「敵側の六〇メートルだけを壊した」と記述している。

二度目の架橋をしなければならなかったということは、前年の架橋による技術力誇示、敵の戦意喪失の目論み、すなわち『ガリア戦記』の「ゲルマニア人に恐怖の念を打ち込み」は、失敗したようである。さらに、一部分しか破壊しなかったのは、三度目の侵攻の備えを考えたのであろう。ゲルマニアの蛮族は、カエサルの思惑通りにはいかなかったのだ。彼も頭にきたであろう。それが蛮族たる所以かもしれないが。

ポン・デュ・ガール

道路橋ではないが、「悪魔がつくった」と言われた水道橋。コロッセオとともに、現存するローマ世界最大の構造物と称されるポン・デュ・ガール【写真10】を紹介する。

紀元前四九年、南フランス、ナルボネンシス属州の植民市ニームに軍団基地が置かれた。ニーム水道は水源のユゼの泉からニームの町へ、延長約五〇キロメートル、一日当たり二～四万立方メートル給水をした。ドミティア街道の要衝の地ニームは、当時人口二万人位とされていている。その程度の町のために、大橋梁を建設したのである。

ガルドン川を渡る水道橋ポン・デュ・ガールは、取り付け部を入れて、全長四七〇メートル、高さ四九メートルの三層の石造りアーチ橋である。石の数量は、ポン・デュ・ガール博物館によれば、二万一〇〇〇立方メートル。石の重さは最大六トンで、基部は大きく、上部は小さくなっていて、大略二万個の石からできている。黄褐色の花崗岩で、モルタル等の接着材を使用していない。石の切り出しは六〇〇メートルほど下流の石切り場からであった。高い加工精度を要求されたのである。

紀元前一五年にアグリッパによって、または第四代皇帝クラウディウス（在位四一～五四年）の頃に建設されたと言われているが、正確なことはよくわかっていない。

フランスの哲学者・政治思想家・教育思想家・作家で、フランス革命に多大な精神的影響を及ぼした、ジャン・ジャック・ルソー（一七一二～一七七八年）は、ポン・デュ・ガールを見て、その感動を次のように述

写真10　ポン・デュ・ガール

べている。「この三層から成る建造物の上を歩き回ったが、敬意の余り足で踏むのをためらうほどであった。……自分をまったく卑小なものと思いながらも、精神の高揚を覚えて、なぜ自分はローマ人に生まれなかったのかとつぶやいていたのだった」。このように、ポン・デュ・ガールはフランス、そしてローマ世界の誇りでもある。それを表すように、五ユーロ紙幣【写真11】のデザインになっている。まさしく二〇〇〇年も前に、よくぞこれほどの橋をつくったものだと思う。

写真11　5ユーロ紙幣

　ポン・デュ・ガールは、川の中に橋脚がある。約二〇〇〇年の間には大洪水もあったはずである。現在、何もなかったように聳え立っている。建設技術だけでなく、その洪水対策技術にも感心するばかりである。まさに「悪魔がつくった橋」と言われる所以である。

　下層は六径間、長さ一四二メートルのアーチ橋。一つのアーチは幅六メートル、高さ二二メートル。中層は一一径間、長さ二四二メートル。一つのアーチは幅四メートル、高さ二〇メートル。導水路がある上層は三五径間（元は四七径間）、長さ二七五メートル。一つのアーチは幅三メートル、高さ七メートルである。構造的に、下層から上層に向けて、アーチの高さを二一メートルから七メートルへと低くし、幅は六メートルから三メートルに狭めて、どっしりと安定感を増している。それとともに、周囲の谷の緑や、川の水の青とも調和して、素晴らしい景観を作り出している。さすがにデザインセンスのいいラテン人（ローマ帝国民）の作品である。

　水の流れを考えて、流水部のある下層径間を長くすると共に、橋脚の上下流側は隅切りにより六角形の形状にして、水の力を減じている。その結果、下流に大被害をもたらした一九五八年の洪水では、第一層のアーチ橋が完全に水没したが、損害はなかったのである。ガルドン川下流では大被害が出たといわれているのに、である。

ではなぜ、ポン・デュ・ガールは「悪魔がつくった」と言われたのか。その困難な建設方法を紹介する。まず基礎の建設である。谷底の岩盤にアーチの脚部を直接建設している。渇水期に築島し、流水を切り回して一橋脚ごとに建設したのであろう。堅固な岩盤に基礎を作らなければ、二〇〇〇年も持たないのである。

図29　アーチ支保工

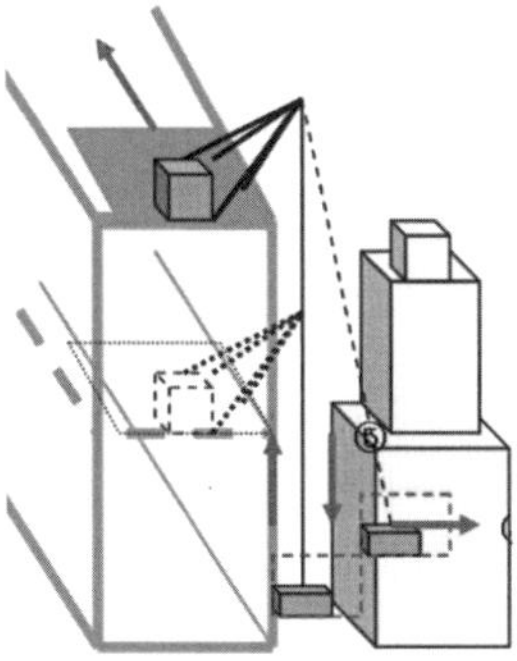
図30　ポン・デュ・ガール建設想像図

次にアーチ部の施工である。木製の支保工の上に最大六トンの石のブロックを積み重ねて、石造アーチを建設した【図29】。現在では作業半径が五〇メートルを越えるタワークレーンもあり、五基も用意すれば、一年半程度で建設可能である。

一方、古代ローマ時代のクレーンは木製で、クレーンのブーム(腕)は短く、ブームは数十メートルの長さや、旋回そして起伏も困難である。したがって、クレーンは、橋梁躯体脇に設置されたクレーン用架台の上を、「移動用そり」に乗って移動したのであろう【図30】。クレーンの動力は人力であるので、吊り上げ能力を大きくするため、滑車を幾つも組み合わせた。最上部の石のブロックの吊上げは一個当たり、三〇分程度か

写真12　クレーン復元模型

写真13　アルカンタラ橋

かったものと思われる。従って、木製クレーンを一五台使用しても、五年程度の期間がかかってしまう。これらの工程は、洪水のことは考えていない。渓谷に組み立てた足場や架台が幾度となく、大水で破壊されたのであろう。しかしこれらの建設記録は残っていない。そのため、古代の人々は、一夜で悪魔がつくったと噂していたのである。

　石のブロック吊上げには、木製クレーンが使用された【写真12】。このクレーンは、ドイツのボンの実物大復元模型で、『建築書』第一〇書に記述されているものに近い。

アルカンタラ橋

　スペイン西部、大西洋に注ぐテジョー川の渓谷に、第一三代皇帝トラヤヌス（在位九八～一一七年）の命令によって、アルカンタラ橋【写真13】が一〇四～一〇六年に建設された。スペインのノルバからポルトガルのコニンブリガまでのローマ街道にある。アルカンタラ橋は、一三世紀ムーア人に破壊されたり、ポルトガルの侵攻やフランスの侵入を防ぐため壊されたりしたが、そのたびに再建された。ほかに代替えの道がなく、いわゆる交通の要路であった。このため破壊・再建が繰り返されたのである。

　アルカンタラ橋は長さ一二一メートル、最長径間二九メートル、道路幅八メートル、中央の高さ一四メートルの凱旋門を含めて、橋高七一メートルの六径間の石積みアーチ橋である。「アルカンタラ」とは、アラビア語で「橋」を意味する。ローマ世界で最も橋高が高く、「橋」を名乗るにふさわしい。なお、スペインの古都トレドにもアルカンタラ橋がある。名前の由来は同じ意味である。

中央の橋脚は、基礎の岩盤に直接建設され、幅八メートル、長さ一七メートルで、流水抵抗を減少するために、ポン・デュ・ガール同様、上流側を正三角形に隅切りしている。非常に深い渓谷であり、洪水時に大量の水が流れるための対処である。建設の方法はポン・デュ・ガールと同じように、花崗岩の空石積みで、接合にモルタル等は使っていない。

ローマ橋(メリダ)

写真14　ローマ橋

植民市メリダの大河グアディアナ川に架かるローマ橋【写真14】は、スペイン北部のヒホンから、南部のグラナダへ通じる街道、通称「銀の道」にある。全長七五五メートル、最長径間一一・六メートル、六二径間、橋幅八メートルの石造りアーチ橋梁で、現在は歩道橋として使用されている。トラヤヌス帝の治世に建設され、ローマ世界で現存する最大の橋長を誇る橋である。洪水時の流水抵抗を減少するため、橋脚部に開口部がある。

グアディアナ川は大河であるが、流速はそれほど速くなく、築島をして川を切り回し、橋脚を構築したのであろう。したがって、建設自体はポン・デュ・ガールやアルカンタラ橋ほどの難しさはなかった。しかし、二〇〇〇年間も存在し続けたことは凄いことである。「銀の道」

は、交通の要路で維持管理が良く行われたためである。

アルルの舟橋

南フランスの町アルルは、紀元前六世紀頃、ギリシャ人によって創設された。大河ローヌ川があり、地中海にも近く、交易で栄えた町であった。紀元前五三五年にケルト人によって占領され、街の名前を「アレラーテ（湖（池、潟）の近くの意味）」とした。共和政ローマは紀元前一二三年に街を占領し、拡張して重要な都市となっていた。

カエサルとポンペイウスの内乱の際に、カエサルを応援したアルルは、彼の勝利により栄えた。そしてカエサルは、アルルを拠点とした第六軍団の退役兵を植民させた。そこで町の正式名称は、第六軍団の先祖伝来のユリウスの植民地、アルルとなった。

アルルには、円形劇場、円形闘技場、戦車競走場、さらに大規模な公共浴場もある非常に栄えた町であった。そして、大河ローヌ川の横断のため、舟橋がつくられたのである【写真15、16】。多くの船を係留し、その上に桁橋を渡している。航行する船のために、両岸近くに跳ね橋がある。ちなみに、ゴッホの跳ね橋【写真17】もアルルで描かれている。

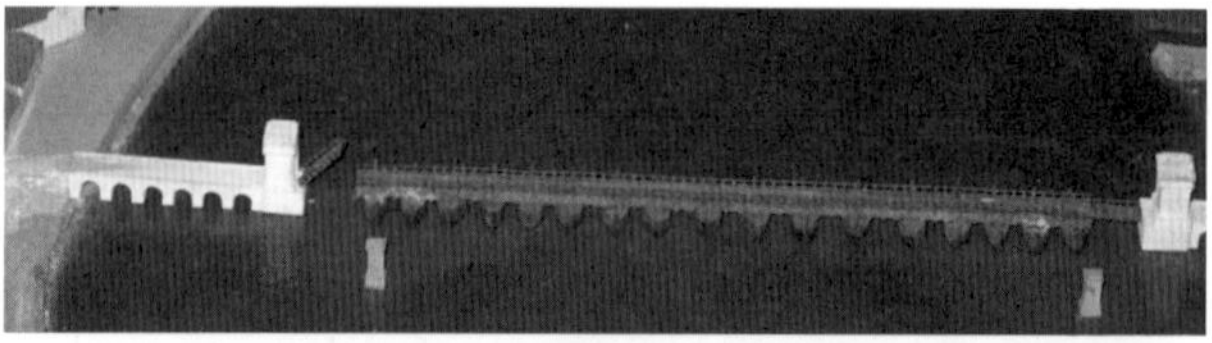

写真15　アルルの舟橋（市立歴史博物館）

（右）写真16　アルルの舟橋の跳ね橋部分（市立歴史博物館）
（左）写真17　ゴッホの跳ね橋

余談ではあるが、アルルはジョルジュ・ビゼー作曲の『アルルの女』で有名である。原作は、闘牛場で出会ったアルルの美女に心を奪われた若者の悲劇を描いたドーデの戯曲。また、アルルはゴッホの作品でも有名である。ゴッホのアルル行きは、ロートレックの「アルルは美人が多い」との言葉によるものでもあったらしい。カエサルの時代も美女の産地であったのだろう。そして、プレイボーイの彼はきっと、アルルの女性をも虜にしたのであろう。

カリグラの舟橋

ナポリの西にある、ローマの外港でもあったポッツオーリ（プテオリ）と、対岸の保養地バーイエ（バイアエ）の間の約五キロメートルに、見世物用の舟橋【図31】が架けられた。第三代皇帝カリグラ（在位三七～四一年）の奇行・愚行の産物として最大級のもので、往復一〇・六キロメートルの見世物用浮橋である。

カリグラ帝は、近親相姦、乱脈な性遍歴、愚行や浪費により「暴君」と評判が悪い。第二代皇帝ティベリウスの二七億セステルティウスという巨額の蓄財を、船遊びや戦車競技等で浪費してしまった。そのための財政再建策として、罪人の財産没収や、皇帝への財産遺贈強要等をした。この策を実行するため、多くの元老院議員に大逆罪や陰謀の濡れ衣を被せ処刑したのだ。このため、治世四年で暗殺されてしまった。桁外れの浪費をし、その中でも最大級の舟橋を紹介する。

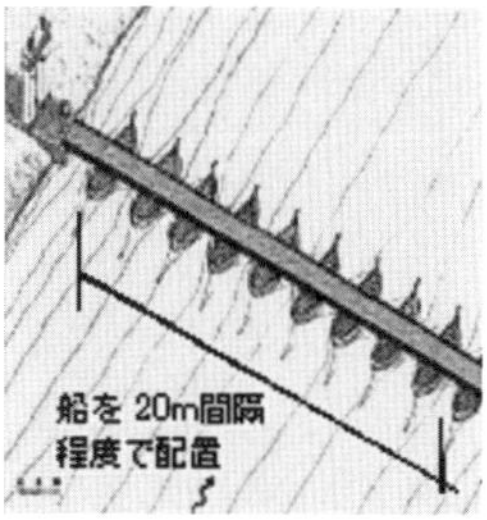

図31　舟橋の想像図

彼は、三九年夏、プテオリとバイアエの間の海上に、大型穀物運搬貨物船を二列に並べ浮橋を作った。これが奇想天外である。

『ローマ皇帝伝』によれば、「カリグラは前代未聞の新奇な見世物を考案した。バイアエ湾とプテオリの防波堤との間の、約三・六マイル（五・三キロメートル）に及ぶ距離に橋をかけた。つまり、世界中から貨物船を徴集し、二列に並べて錨でとめ、船の上に土を盛り、見た目にはアッピア街道そっくりに整えた。この橋の上をカリグラは二日かかって往復した。最初の日には、盛装して馬に乗り、樫の葉冠と、小盾と剣と金糸の将軍外套という晴れがましい出で立ちで、次の日には、四頭立ての戦車の御者の身なりで、有名な二頭立ての馬にひかせた戦車にのり、自分の前にパルティア王国の人質の、少年ダレウスを運ばせ、後には、護衛隊の行列とガリア風二輪戦車に乗った友人の一行を従えていた。……カリグラがこの架橋を思いついた本当の動機は、……占星師トラシュルスがこう断言したからだという。『カリグラが世界を統治することは、彼が馬に乗ってバイアエ湾を突っ走ることができないと同様に、あり得ないことです』と記されている。

ともかく、常識では考えられない愚行であり、このために民衆は飢餓に見舞われたとのことである。この橋はあくまでも見世物用であり、何の効用もない。

舟橋の建設の困難さを検討してみた。距離が往復で一〇・六キロメートル。図31に示すように、船を二〇メートルごとに配置し、船と船の間に丸太から作った尺角を渡したと仮定すると、五三〇隻の船が必要である。

プテオリ湾は、テレニア海に面している。すなわち外洋なのである。二列に係留するとすれば、季節の良い航行に適した夏季しかない。さらに、プテオリ湾の中央はかなりの水深がある。船を固定係留するのはかなり大変である。それぞれの船の舷側の高さは違うし、甲板上の形状も違う。船を馬が疾駆するためには、平坦な桟橋を作らねばならない。桟橋の高さ合わせだけでも大変な仕事である。
さらに、見た目はアッピア街道そっくりであったとのこと。とすると、幅も、車道部分が三メートル位。桟橋の上に盛り土をして、さらに石畳。このためには、船の帆もマストも外さなくてはならない。したがって、舟橋建設には大変な時間と金がかかる。ともかく大工事であったのだ。穀物運搬に最も大事な夏の期間に、大量の貨物船を徴用すれば、人々の生活に支障をきたすのは自明である。そのため、食糧危機になったと伝えられている。このような悪政により、カリグラ帝は治世四年で暗殺されてしまった。不名誉なことに暗殺されたローマ皇帝第一号である。しかし、このような愚帝がいても、ローマ市に放火をしたと噂される暴君ネロ（在位五四～六八年）や、剣闘士皇帝とあざなされたコンモドゥス帝（在位一七六～一九二年）等、数多くの愚帝が出ても、大帝国は五〇〇年間の繁栄を続けたのだ。

写真18　100年頃のロンドン港（ロンドン博物館）

ロンドンのテムズ川横断橋

一〇〇年頃にテムズ河に建設されたロンドン港は、外航船が横付けできる桟橋のある、繁栄した港であった。ロンドン博物館の展示模型によれば、五五年頃、テムズ川に木杭を用いた木製桁橋【写真18】が建設された。場所は現在のロンドン橋の近傍である。船舶航行用に、開閉用の跳ね橋も備えている。テムズ川はかなり速い流れの川で、橋の施工や維持管理に、大変な努力が必要であったものと思われる。

トラヤヌス橋

一〇五年、ローマ軍のダキア（ルーマニア）侵攻の為に、トラヤヌス帝

写真19　トラヤヌス帝

写真20　トラヤヌスの円柱に刻まれたドナウの橋

【写真19】は、大河ドナウ川の景勝の地、アイアン・ゲートに、長さ一〇〇〇メートルを超える大橋梁を建設した。架橋地点は、ドロベタ・トゥルヌ・セヴェリン（ルーマニア）とクラドボ（セルビア）の間である。ドナウ川は、全長二九〇〇キロメートルのヨーロッパ第二の大河。アイアン・ゲートとは、ドナウ川がカルパティア山脈を横切る風光明媚な渓谷で、クルーズ船が周航しているほどである。その大河に、わずか三年間（一〇三～一〇五年）で大橋梁を建設したのだ。

ちなみに、ルーマニアという国名は「ローマ人の土地（国）」を意味する。ルーマニア国歌二番の歌詞中には「今こそ世界に知らしめよ　ローマの血を引く我等の血潮　胸に誓いて賞賛するは　歴戦の勇者　雄々しきトラヤヌス帝」と歌われている。ルーマニアには古代、ガタエ人（ラテン語でダキイ人）と呼ばれた民族が居住していた。しかし、トラヤヌス帝の侵攻により、ローマ帝国領の属州ダキアとなった。金鉱山目当ての侵略と言われている。属州ダキアの存続はわずか一七〇年程度であったのだが、ルーマニア国民は、ダキイ人であることよりもローマ帝国の末裔であることを誇りにしているのである。

現在、トラヤヌス橋はルーマニア側の橋台が残るのみで、多くの橋脚は水中に没し、規模は不明である。しかしその様子は、ローマのトラヤヌスの円柱【写真20】に描かれていたり、カッシウス・デオの記述に示されたりしている。

現地調査とこれらを基に、アイアン・ゲート博物館が、模型【写真21】や想像図【図32】を発表している。それによれば、トラヤヌス橋は、全長一一三五メートル、橋幅一五メートル、橋脚数二〇基、最大径間五七メートル、橋高四五メートル、下部工は外側がレンガ積みのコンクリート製直接基礎、上部工は木製トラス・アーチ構造と推測されている。

その後千数百年間、トラヤヌス橋は世界最長の橋梁であった。カエサルのライン川橋同様、驚くべき大橋梁である。建設は、当時の著名なギリシャ人技師、ダマスカスのアッポロドロスによって行われた。彼は、トラヤヌスのお気に入りの技師として、トラヤヌスのフォルム広場や市場なども建設している。

トラヤヌスのフォルムにある記念柱は、ダキア戦争（一〇一～一〇二年、一〇五～一〇六年）の勝利を記念したもので、ダキア戦争を叙事詩的に描いたレリーフ【写真20】が螺旋状に刻まれており、その中にトラヤヌス橋も描かれている。上部工が木製のトラス形式になっている。アッポロドロスが世界初のトラス形式を考えたのである。

写真21　アイアン・ゲート博物館のトラヤヌス橋模型

図32　ドナウ川橋想像図

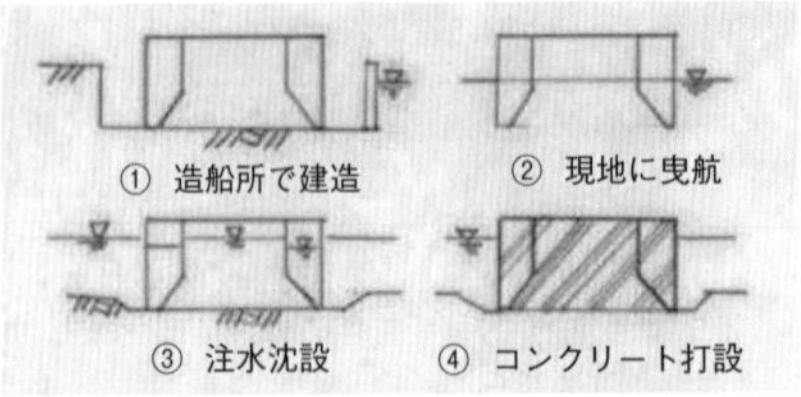

図33　瀬戸大橋の鋼ケーソン設置・コンクリート打設

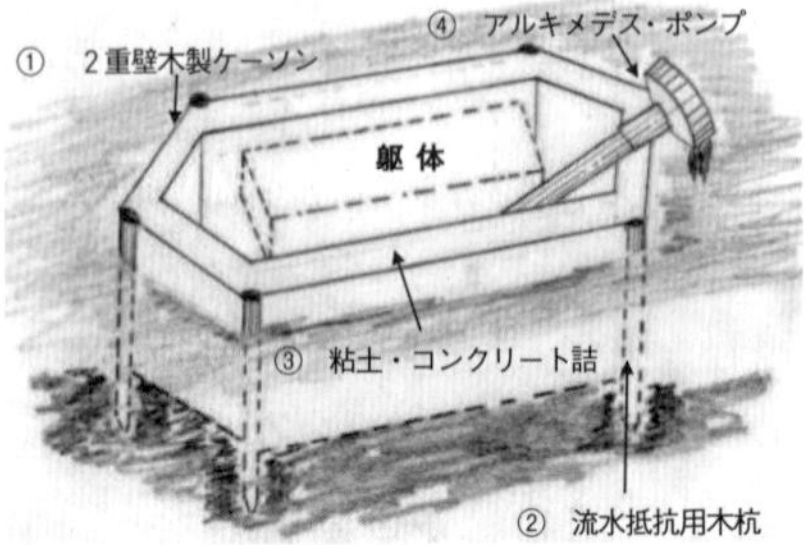

図34　トラヤヌス橋下部工施工想像図

この橋を、今から一九〇〇年も前に、大河ドナウ川にどのように建設したのかを推測してみた。下部工は、瀬戸大橋や明石海峡大橋で多用された設置ケーソン工法【図33】に類似した方法であろう。設置ケーソン工法とは、まず造船所でケーソンを構築し、完成後曳船で現地に曳航し、係留の後、二重壁部にポンプで注水して沈設する。そして、ケーソン内にコンクリートを打設する工法である。

トラヤヌス橋下部工の施工図を図34に示す。同図に示す番号と、トラヤヌス橋建設の一〇〇年以上前に発表された『建築書』【別記5】の番号と、下記の説明文の番号は一致しているので参考にされたい。

まず、仮設の造船所で木造の二重壁式の船殻①（橋脚躯体部は底蓋なし）を建造、進水・曳航・係留し、浮力体の二重壁部に注水して沈設。ただちに流水に抵抗するため数多くの木杭②を打設。その後、二重壁部の底板を撤去して、粘土やコンクリートを投入③して、二重締め切りを完成させた。次に、締め切り内部をアルキメデス・ポンプ④で排水して、川底を掘削、良質地盤に基礎を置き、レンガを型枠に使用して、コンクリートを打設して橋脚を完成させた。二〇〇〇年も前に、設置ケーソン工法の原型を発明しているのである。

別記5　ウィトルーウィウスの『建築書』第5書

水中基礎の構築法、特に二重締め切り工法について記述している。若干長いが紹介する。図34のトラヤヌス橋下部工施工図を参考に読むと理解が深まる。

1）水中コンクリート基礎の作り方の説明である。オスティアのクラウディウス港の灯台基礎は、この方法を採用。ただし函体として、現在サンピエトロ広場に聳えるオベリスクを運搬した台船を使用した。

「この限らるべき場所に樫の丸太と鎖で囲んだ（潜）函が水中に降ろされ、しっかりと固定され、次いで函の内部で水面下にある底の部分が捨て算盤を用いて均され、清掃されるべきである。そしてモルタルが、上記のように混合槽で割り石と混合されて、函の内部の空間が壁体で満たされるまでそこに打ち込まれるべきである」

図35　潜函

2）材料は違うが、設置ケーソン工法と同じ、2重壁ケーソン工法の説明がある。

「板を組み合わせ鎖で縛った①2重の函が限られるべき場所に据えられ、支え板の間に沼の葦で造った籠に入れた③粘土が搗き入れられる。こうして搗き固められて十分密になったとき、この囲いで限られた場所は螺旋式か車輪式か円筒式（の水揚げ器械④）を据えて排水され干され、そこに囲いの中に基礎が掘られる。もしその場所が土壌質であれば、その上の壁の厚さより固い地盤まで続けて掘り下げられ、それから割り石と石灰と砂でつくった壁体が充てんされる。もしその場所が軟らかいならば、劇場あるいは城壁の基礎工事について記されたとおりに、そこは榛の木またはオリーブの木の焼き杭で締めかためられ、木炭で満たされる。……③壁と壁の間の場所がコンクリートあるいは石積みで満たされる。こうすれば、その上に塔が建てられることも可能になるであろう」と、記述している。

基礎のケーソンを分割したか、一体としたか分からないが、一体で考えるとどのような大きさになるのか。最大径間が五七メートルから、橋脚幅二〇メートル、橋軸直角方向長さ（一五＋二〇）メートル、高さ（水深八十乾舷二）メートル、二重壁の厚さを八メートルと仮定すると、外形寸法は幅三六メートル、長さ五一メートルとなる。瀬戸大橋の北備讃瀬戸大橋橋脚の寸法が五七メートル×二三メートル、基礎底面が一〇メートルである。一九〇〇年後の世界に冠たる瀬戸大橋の吊橋の主塔基礎と同規模である。

当時、こんなにも大きな浮体を建造することが可能だったのであろうか。二世紀の作家ルキアノスは、ピレウス港に寄港した全長五五メートル、幅一四メートル、高さ一三メートルの外航穀物運搬船イシス号について記述している。外航船であるので非常に頑丈のはずである。また、カエサルにより一〇日間でライン川橋梁が建設されたことは述べた。したがって「建設皇帝」とも称されたトラヤヌス帝にとって、二〇基の木製ケーソンを建造し、現地に設置することは難しい工事ではあったが、不可能ではなかったはずである。

次に上部工である。我が国の最大の木製アーチ橋は、岩国の錦帯橋【写真22】で、五連のアーチからなる。この橋は、全長一九三メートル、幅員五メートルで、一連のアーチ橋長が大略三五メートルである。したがって、トラヤヌス橋は長さで一・六倍、幅で三倍ある。各橋脚からやじろべえ式に左右のバランスを取りながら伸ばしていったのであろう。橋脚が完成すれば、それほど難しい工事ではない。

写真22　錦帯橋

錦帯橋では、一六七三年の工事では渇水期であるので、河床から支保工を組み、三ヶ月で一つのアーチを完成させている。建設期間の算定には、橋の幅より橋長が影響する。一・六倍の長さから、二乗の二・六倍程度の工期はかかったであろう。トラヤヌス橋は、錦帯橋に比べ資材補給の難しさもあるが、上部工は一年程度で完成できたのではないだろうか。

ドナウ川沿岸には六つ以上の軍団基地が配備され、それぞれに一万人程度の兵士がいた。彼らは優れた土木技術者・作業員であり、統率の取れた作業が得意であった。今の日本の技術者集団が、ローマ軍団と同じ道具・材料を使ってトラヤヌス橋建設コンペを行ったら、当時の土木技術者に勝利することができるだろうかと、考え込んでしまう。

トラヤヌス橋の破壊については二つの説がある。一つ目は『道の文化史』に「彼（トラヤヌス）の事蹟の名声に、後継者のハドリアヌスは心安からず、ついにドナウ大橋を破壊してしまった。軍事上の必要、つまり北方から押し寄せてくる諸種族の圧迫もないのに、ハドリアヌスは橋をこわさせたといわれている。ただ確実なことは橋が破壊されたということだけである。……ハドリアヌスがこんなことをした動機が、歴史的なうわさ通りのものだったかどうかは、偉大な建築家ダマスコスのアッポロドロスの運命同様に解き明かされずにおわるであろう。アッポロドロスはローマにヴィーナスとローマの神殿（パンテオン）を建てようとしたハドリアヌスの計画を批判したため、怒りっぽくむら気で有名な皇帝に追放され、後に死刑に処せられたと伝えられている」と記されている。

ハドリアヌス帝（在位一一七～一三八年）は、現存する世界最大のコンクリート製ドーム、パンテオンを建設した。その設計図をアッポロドロスに見せたところ馬鹿にされてしまった。その遺恨で、トラヤヌス橋を破壊させ、さらにアッポロドロスを死刑に処したという話である。ハドリアヌス帝は、即位時に彼の登位を望まなかった有力元老院議員四人を死刑に処したり、美少年アンティノウスに溺れたりと評判が悪く、記録抹殺刑に処せられそうになった。しかし、先帝トラヤヌスの拡張政策を放棄し、帝国統治を確実にするため、一二年に渡って帝国内を巡視したり、ブリタンニア北方にハドリアヌス長城を建設したりと賢帝であったことは間違いない。

二つ目は、アウレリアヌス帝（在位二七〇～二七五年）が属州ダキアを放棄した時に、橋を破壊したとの説である。アウレリアヌス帝は、分裂して独自の皇帝を擁立していた西方属州や、北イタリアでマルコマンニ族等、ダキア・トラキアでゴート族、小アジアでパルミュラを打ち破り、分裂していたローマ帝国を再統一した有能な皇帝であった。彼はバルカン半島へ侵入したゴート族と戦い、族長のカンナバウデスを討ち取り、ゴート族をドナウ川以北へと追いやった。しかし、度重なる北方蛮族の侵入により、ドナウ川の北側（ダキア属州）の防衛を諦め、同地をゴート族へ譲渡。

ドナウ川の南にセルディカ（現在のソフィア）を州都として新ダキア属州を新設して、ドナウ川南岸を防衛線とする体制を構築した。この撤退の時に、トラヤヌス橋を破壊したという説である。

ちなみに、アウレリアヌス帝は、北方蛮族の襲来に備え、首都ローマの城壁、アウレリアヌス城壁を建設した。完成は皇帝プロブス帝の時である。彼は戦に強く、帝国の統治に意を用いた賢帝であったが、五年間の在位で殺されてしまった。

筆者には、ハドリアヌス帝が、属州ダキアへの重要補給路であったトラヤヌス橋を遺恨で破壊するとは思えないのだが。

トンネルの建設

ローマ水道は、安全や衛生を保つため、ほとんどがトンネル構造となっている。しかし、道路用のトンネルはそれほど多くない。それでも共和政ローマ末期、プテオリ近郊に三つの長大道路トンネルがつくられた【図36、表2】。距離が短いものから、ナポリとプテオリを結ぶポッツオーリ・トンネル、延長七一一メートル。プテオリとポシリッポ半島を結ぶセイアノス・トンネル、延長七八〇メートル。最長はアベルノ湖とクーマを結ぶコッセイオ・トンネル、延長九七〇メートル。トンネルの幅は四～六・五メートル、高さは四・五～八メートルと当時としては大断面である。山腹を縫う既設の道路のショート・カットを目的としている。

これらのトンネルはポイティンガー地図にも表示されているほどである【図37】。ただし、この地図では一本だけしか描かれていない。また、ストラボンの『世界地誌』C２５６に「ここにも地下にトンネルがあって、クマエ市へ向けてのそれと同じようにプテオリ、ネアポリス（ナポリ）両市間の山の下を掘り抜き、そこへ開通した道は長い距離にわたって二頭馬車がすれ違うことのできる幅を持つ。また、トンネルにはいくつもの窓が切り開いてあるので、陽の光が山の上からひじょうに深い底の道まで下りてきている」と、記されている。表2に示すように多くの明かり取りがあることを示している。

なぜ、このような長距離トンネルが三本も、プテオリ周辺につくられたのであろうか。その理由は、当たり前のことではあるが、第一にトンネルの必要性があったこと、第二に長大トンネル

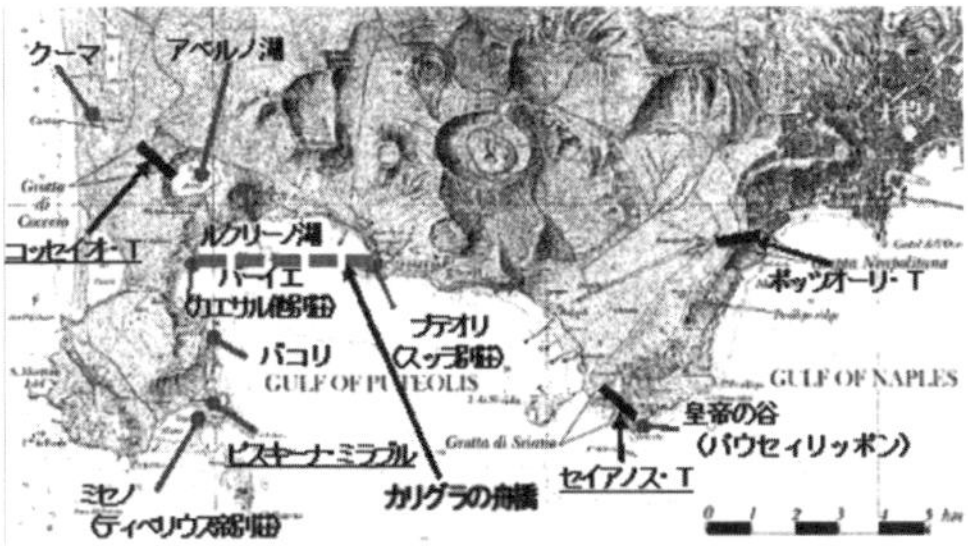

図36　プテオリ近郊のトンネルと地下大貯水槽の位置図

図37　プテオリ周辺の地図（ポイティンガー地図）

トンネル等名称	延長(m)	幅(m)	高さ(m)	概要
ポッツオーリ・トンネル	711	4.5	4.6〜5.2	プテオリ・ナポリ間 2本の換気・採光用斜坑
セイアノス・トンネル	780	4.0〜6.5	5.0〜8.0 入口は採光用で14m	皇帝別荘用トンネル 3本の換気・採光用斜坑
コッセイオ・トンネル	970	4.5	4.5〜8.0	プテオリ・クーマ間 5本の換気・採光用斜坑
ピスキーナ・ミラブル	70	25.5	15	地下大貯水槽:12,600m^3

表2　プテオリ周辺の地下構造物概要

の掘削技術があったことである。

プテオリの賑わい(トンネルの必要性)

　トンネルの必要性とはどのようなことであったのだろうか。

　プテオリは、海上貿易で繁栄した町である。そして、海側以外の三方が山に囲まれ、東側のナポリ(ネアポリス)、西側のクーマとの交易が盛んであった。これらの二つの都市とプテオリをトンネルで結んだのである。まずプテオリの町、およびその周辺地域の繁栄ぶりについて紹介しよう。

　プテオリの町は、紀元前六世紀、ギリシャ・サモス島の政治犯が流刑に処せられた場所であった。町の裏山は、ソルファターラという火山活動が盛んな地獄谷のような場所である。まさに流刑にふさわしいところであった。プテオリの名前の意味は「小さな泉」で、海辺近くに、人が住むのに必要な泉があったのである。後に貿易港として発展したのは、この泉のおかげだったのかもしれない。プテオリの町は当初、ギリシャ植民市クーマに支配された。紀元前三三八年のサムニウム戦争終了により、クーマは共和政ローマの支配下に入り、プテオリもローマの実効支配を受けることとなった。そして、紀元前一九四年にローマの植民市となった。

　クーマはプテオリの西一〇キロメートルほどの所にあり、紀元前八世紀頃に、ギリシャ人がイタリア半島に初めてつくった植民市である。ギリシャ神殿が建ち並び、預言者でもあるシビラが棲んでいたという洞窟もある。またナポリは、紀元前六世紀につくられたギリシャ植民市である。したがって、この地域はもともとギリシャ人の入植地域であり、相互の交易が盛んであった。ギリシャ植民地といっても、ギリシャ自体が統一国家ではなく、都市国家（ポリス）の集合体であるので、母市が違うことが多い。クーマやナポリも、後に共和政ローマの支配下に入ったのである。

共和政後期および帝政初期に、首都ローマへの食糧や産物の多くは、プテオリ港で外航船から内航船に積み替えられたり、陸路アッピア街道を通ったりして運ばれた。特に、エジプトのアレキサンドリアを介しての東方貿易は、プテオリの町に莫大な富をもたらした。海洋民族のギリシャ人はクーマやナポリを重要視していたが、流刑地でもあったプテオリは重んじられていなかったのだ。重要視されてもいなかったプテオリが、なぜ、共和政末期から帝政初期に、ローマ随一の港湾都市となり得たかについては、以下に説明する。

カエサルの暗殺後、オクタウィアヌス（後のアウグストゥス帝）軍が、アントニウス・クレオパトラ連合軍に対抗するために戦備を整えたユリウス港（アベルノ湖とルクリーノ湖及びその前面の海域を結んだ港）や、アウグストゥス帝が創設したローマ海軍基地、ミセノ港は図36に示すように、プテオリの近くにあった。さらに、プテオリ湾は風光明媚で、至る所に温泉が湧き出し、街には海外の産品が溢れかえっていたのである。したがって、皇帝等の別荘が多数つくられていたのは、無理からぬことであった。また、ギリシャ神殿やシビラの洞窟、そして温泉等を訪れる観光客も多かった。それを示すように、アベルノ湖やバーイエには、今も巨大な公共浴場の跡が残っている。

バーイエには、カエサルや第五代皇帝ネロの別荘があった。第二代皇帝ティベリウスはミセノの別荘で、第一四代皇帝ハドリアヌスはバーイエの別荘で亡くなった。第三代皇帝カリグラが往復一〇キロメートルの舟橋をつくり、戦車を走らせたのもプテオリ湾である。そして、ポシリッポ半島には歴代皇帝の別荘があった。この地域はそれほど上流階級の人々に愛された場所でもあった。それを示すように、『ギリシア・ローマ世界地誌』C245に「ネアポリスにも温泉の湧きだし口や浴場施設がいくつかあってバイアエのそれにも劣らないが、人口の多さでは後者にはるかに劣る。劣るのは後者の市には皇帝たちの別荘がつぎからつぎへと積み重ねるようにして集中的に建ったため、いわばもう一つ別の市が出現し、しかもそれがプテオリに劣らないほどになっているからである」と、プテオリ湾の都市の繁栄が記されている。

上流階級の人々が集まれば、その別荘で、ガラス等の豪華な器に盛った山海珍味を食し、異国の美女をはべらしていたのではないだろうか。何しろローマの上流階級の人々には美食家が多い。美食の材料を海や山から得るだけでなく、養殖や飼育を行って常時手元に置いた。欲しい時に、食材を生簀や飼育場から取ってくるのである。

ユリウス港となったルクリーノ湖で、古来よりローマ人は牡蠣や鯛の養殖をしていた。美食家で魚の養殖をして有名なのが、ルキウス・リキニウス・ルクッルス（紀元前一一八〜紀元前五六年）である。lucullanを辞書で引くと、「食べ物に関して贅沢三昧の」と書いてある。彼はスッラの副官として活躍し、紀元前七四年には執政官を務め、第三次ミトダリテス戦争で活躍した軍人である。引退後、ナポリの丘の上の別荘に良質な食材を確保するために、海水を引いた巨大な養殖池で、ウツボやウナギを育て、事業をしたとのことである。養殖池については、『プルターク英雄伝』ルクッルス編に記述してある。このようなゲテモノ的な食材の養殖が事業になるほど、金持ちの美食家がナポリ周辺にいたのである。

四～五世紀に発行された美食のレシピ集『アッピウスの料理帳』によれば、これらの魚は脂が多いのでグリルが良いと勧めている。後世ピザを発明した美食の町ナポリは、彼ら金持ちの食道楽の遺伝子を受け継いでいるのであろう。

写真23　バーイエの景観カット付球状瓶と図柄の展開図

牡蠣の養殖を描いたガラス壺が、「バーイエの景観カット付き球状瓶【写真23】」である。このガラス器は四世紀ごろにつくられた、バーイエ地方の土産物と考えられている。展開図の下部に描かれているのが牡蠣養殖であり、OSTRIARIAの文字は、牡蠣の養殖場と想像されている。養殖方法は現在も行われている垂下式である。左右の建物は、養魚場あるいは浴場と考えられている。

ガラス製容器は、既に紀元前一六世紀頃にメソポタミアで製造していたので、それ自体珍しいことではない。ここでの話題は、ガラスの原料のシリカがクーマの海岸に産し、アレクサンドリアから移住したガラス職人がプテオリに数多く住んでいたことである。したがってガラス材料の輸送や旅行者のための道路、すなわちトンネルが必要であったことは間違いない。

余談ではあるが、我が国の牡蠣養殖はどのようであったのだろうか。牡蠣養殖の始まりは、『草津案内』によれば、「天文年間（一五三二～一五五五年）安芸国において養殖の法を発明せり」との記述がある。当時の養殖法は、石撒養殖法（干潟に小石を並べ、牡蠣を付着・育成）や八重ヒビ法（竹や木を干潟に立て込み、牡蠣を付着・育成）であった。現代も行われている古代ローマと同じ垂下式の採用は、実に昭和初期からである。ともかく、ローマ人の食にかける意気込みに感服する次第である。

食道楽や享楽とは違うが、ローマに向かう使徒パウロが、シチリア島のシラクーサを経由して上陸したのがプテオリ港。『使徒言行録』二八章には、この町に一週間滞在して、アッピア街道でローマに向かったと記されている。

このように、プテオリ周辺は非常に繁栄した地域である。それを示すように、プテオリには戦車競走場と円形劇場が各一つ、円形闘技場が二つあった。クーマには円形劇場と円形闘技場が各一つ。バーイエ、バコリ、ミセノには円形劇場が各一つあった。プテオリの最初の円形闘技場は紀元前六九年頃完成。二つ目はウェスパニアヌス帝（六九年）の時代に完成した、収容人数四万人、ローマ、カプアに次いで三番目の大規模円形闘技場である。ローマ世界で円形闘技場が二つ以上あった都市は、ローマとプテオリ、チュニジアのウティカとエル・ジェムだけであり、プテオリの繁栄ぶりがわかる。このような背景から、三つの長大道路トンネルがつくられたのだ。しかし、繁栄は長くは続かなかった。

四六年頃に開港したオスティアのクラウディウス港は、避難港として適していなかったため、プテオリ港の交易には大きな影響はなかった。しかし、一一三年頃のトラヤヌス港完成及び、プテオリ周辺の火山活動による緩慢地殻変動が原因で、プテオリ港は次第に寂れて行ってしまった。緩慢地殻変動とは、ゆっくりした地殻変動である。『ガラスの中の古代ローマ』によれば、「プテオリからクーマ間の沿岸地域は、四世紀末から沈下を開始し、最大一七メートル迄沈下、続く隆起において、六〜七メートルまでしか浮上しなかった」とある。その沈下や隆起の速度はどの程度であったのかは不明だが、沿岸にあった多くの構造物は水没してしまった。これでは産業や住民も逃げ出してしまったのだろう。

プテオリ近郊の道路トンネル建設技術

長大トンネルの掘削技術は、どのようなものであったのだろうか。

これらのトンネルは、初代皇帝アウグストゥスの右腕と称される、アグリッパの指揮の下、ルキウス・コッセイウス・アクタスが建設したと言われている。アクタスは、紀元前三六年の執政官ルキウス・コッセイウス・ネルバの解放奴隷であった。古代ローマの面白さは、奴隷は一生奴隷とは限らず、有能であれば解放奴隷となり、ローマ市民権を獲得できたというところである。父親が奴隷、子供がローマ皇帝という事例が二つある。第一九代皇帝ペルティナクス(在位一九三年)と、第五〇代皇帝ディオクレティアヌス(在位二八四年〜三〇五年)である。有能であれば出自は関係なく登用された。古代ローマの活力の素である。

アグリッパと親交があったネルバは、有能な建設技術者のアクタスをアグリッパの建設プロジェクトに参加させたのである。ちなみに、五賢帝の最初の皇帝ネルバは、彼の曾孫であった。アクタスはプテオリの三つのトンネルのみならず、紀元前二五年に建設された初代パンテオンも建設している。初代パンテオンがどれ程の規模であったかは不明だが、現存のパンテオンの入り口には、「アグリッパが三度目の執政官の時に建設」との大きな額が掲げられている。直径及び高さともに四三・五メートルの、現存する世界最大のコンクリート・ドームである。天井の開口部・

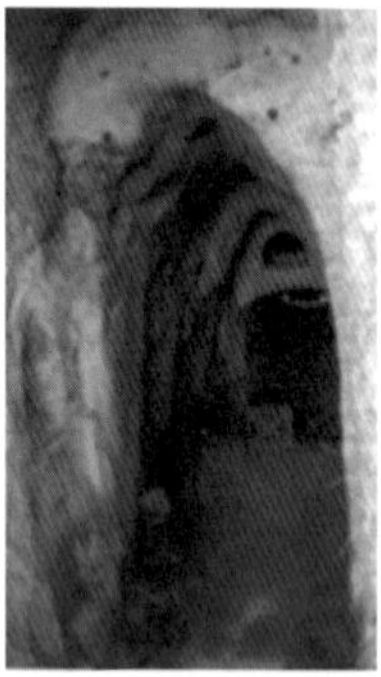

写真24　ポッツオーリ・トンネル東側入口

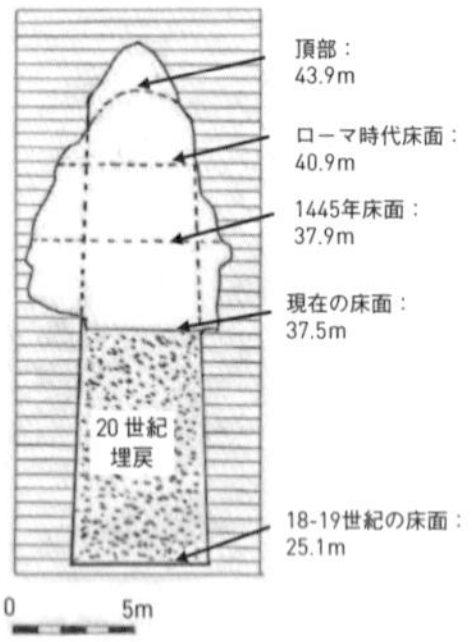

図38　ポッツオーリ・トンネル東側入口より20m地点の断面図

オラクルから差し込む日の光の中に身を置くと、この世のものとは思われない荘厳さがある。その荘厳なパンテオンに、ルネッサンスの巨匠・ラファエロの棺が安置されている。ラファエロが望んだのであろう。皇帝ハドリアヌスが英知を絞って再建したぐらいだから、初代、すなわちアクタスのつくったパンテオンも素晴らしい構造物であったのだろう。

　この三つのトンネルのうち、調査が進んでいるポッツオーリ・トンネルとセイアノス・トンネルの概要を紹介する。

　ポッツオーリ・トンネルは東側入り口の断面図【図38、写真24】が示すように、馬車が二台通行できる幅を持つ、縦長の馬蹄形断面のトンネルである。完成後、約二〇〇〇年もの間使用された。記録によれば、その間に一四四五年、アラゴン王により、道路面を三メートル掘り下げられた。さらに一七四八年と一八九三年には、ブルボン王およびナポリ市が約一三メートル掘り下げている。多分明かり取りのためであろう。しかし一九一七年閉鎖となってしまった。その後、一九三〇年に崩壊防止のため、九メートルの埋め戻し工事がなされたという履歴がある。

　二つの斜坑は、トンネル掘削及び明かり取りとして使用された。トンネルには、緩慢地殻変動の影響もあったのであろう。幾度も補修が繰り返されたものと思われるが、致命的な変動はな

写真25　セイアノス・トンネルのコログリオ側入口

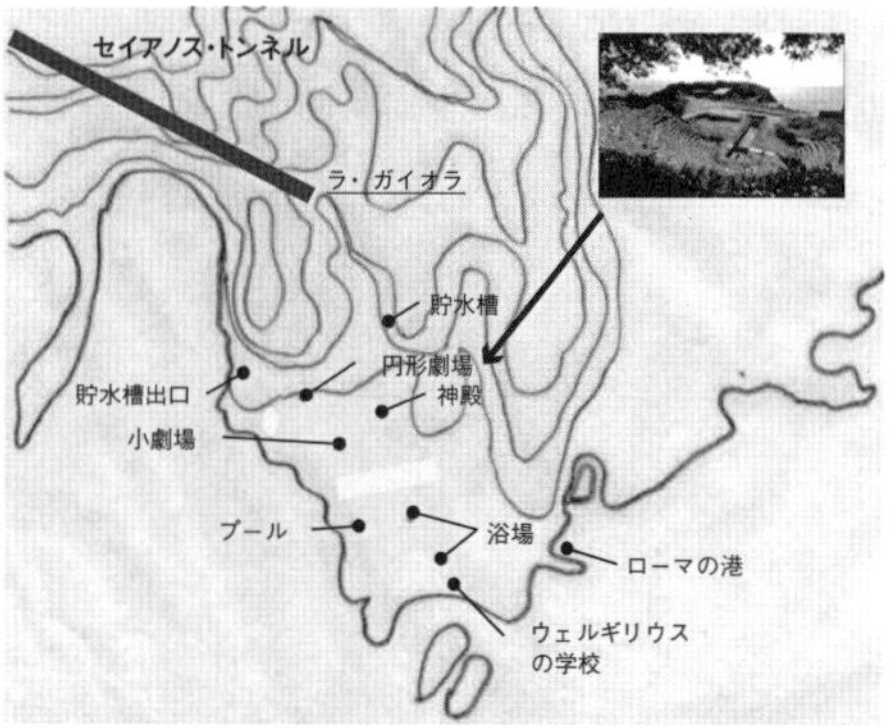

図39　ポリシッポの皇帝の谷

図40　セイアノス・トンネル縦断図

かったようである。二〇〇〇年もの長い間使用されていたということは、その位、プテオリとナポリを結ぶトンネルの重要度が高かったのである。

もう一つのセイアノス・トンネル【写真25、図40】は驚きである。なんと、七八〇メートルのトンネルが皇帝別荘の専用通路なのだ。全くの私用である。もともとはアウグストゥス時代の騎士で、アジア属州知事も歴任したパブリオ・ベデオ・ポリオが景勝の地パゥセィリッポン【図39】に別荘を建設した。彼は解放奴隷上がりで、悪どく金儲けをし、評判が悪かった。紀元前一五年、彼が亡くなった時にアウグストゥス帝が遺贈を受け、皇帝の別荘となったのである。第二代目皇帝ティベリウスに信任の厚かった近衛長官セイアノスが別荘を拡張したのであろう。そして、当初コッセイオにより建設されたトンネルを完成させた。別荘は、海に開けた二〇〇〇人収容の劇場、屋根付き小劇場・オデオン、二つの大浴場、神殿、水槽、港等多くの施設がある。ローマ皇帝の財力であろう。

ちなみに、ティベリウス帝は、二七年にここから程近いナポリ湾のカプリ島に隠棲し、三七年のミセノでの死去まで一〇年間、首都ローマには帰らなかった。セイアノスは三一年に帝位を狙う反逆罪で殺害されてしまった。セイアノスは将来の自らの別荘を目指して、拡張工事をしたのであろう。

トンネルは、帝政末期まで使用されたが、緩慢地殻変動もあり忘れ去られてしまった。しかし一八四〇年に道路建設中に発見され、一八四一年ブルボン朝フェルディナンド二世により再建された。コログリオ側を中心に補強のため鉢巻状アーチを追加した【図40、写真25】。トンネルの断面は、両側の入口は明かり取りも兼ね、高さ一四メートル。トンネルの標準断面は高さ五～八メートル、幅四～六・五メートル。換気・採光を兼ね三本の斜坑がある。

紀元前一世紀にはまだ火薬はない。プテオリの周辺は火山地帯であるので、凝灰岩等の軟質の岩が多い。したがって、ノミとツルハシの掘削だけで、大きな問題はなかった。プテオリのトンネルと同時期に、対岸のミセノにピスキーナ・ミラブル（地下大貯水槽【写真26】）が建設された。「驚異の水槽」という意味で、ローマ海軍艦隊の補給用であった。規模は、縦七〇メートル×横二五・五メートル×高さ一五メートル、容量一万二六〇〇立方メートル。天井には掘削と明かり取り用の穴が空いていて、そこから差し込む光に照らし出された水槽は、まさに荘厳そのものであり、一見の価値がある。この詳細については拙著『水道が語る古代ローマ繁栄史』に記しているので、参照されたい。

図41に示すコッセイオ・トンネルのクーマ側入り口に、掘削想像図【図42】が掲示されている。「ツ

ルハシで垂直に溝を付け、矢を水平に打ち込み、石を起こす」掘り方である。この掘削図は、栃木県の大谷資料館にある「大谷石の手掘り掘削法」によく似ている。但し、クーマの場合、石は加工品として使うのではなく、単に運びだせばよいのである。したがって、石のブロックは大きく、表面加工の必要はない。大谷石掘削に比べ掘削能率はあがったのであろう。ちなみに大谷石の掘削では、六〇石（一八×三〇×九〇センチメートル）のブロックを、一日一人で一二本採掘したとのことである。

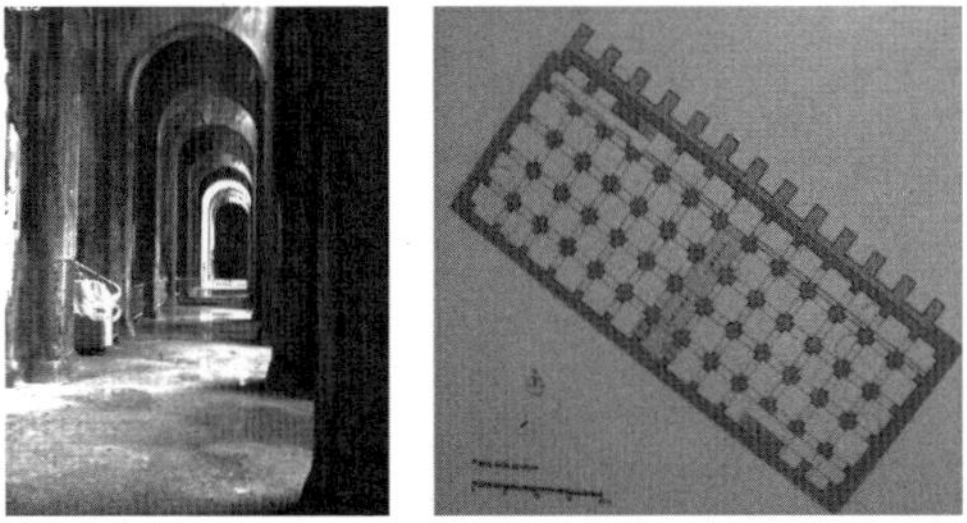
写真26　ピスキーナ・ミラブル（地下大水槽）

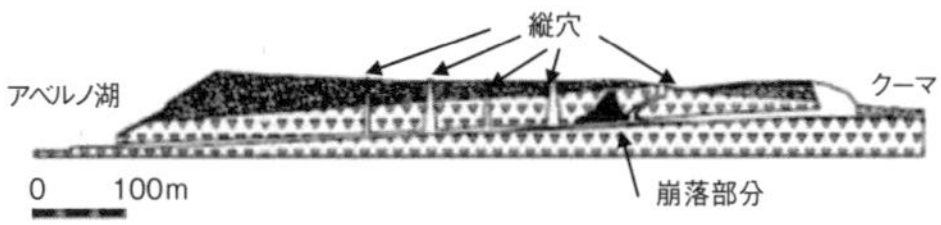

図41　コッセイオ・トンネル縦断図

ローマ人はトンネル掘削が得意であった。延長五〇〇キロメートルにも及ぶ首都ローマの水道幹線の八五パーセントは、水の安全性を考えてトンネルとしている。そして『建築書』第八書によれば、「竪穴間隔を約三六メートルとすべきである」とある。この意味は、竪(穴)坑が掘削の発進基地および明かり取りとなることを意味する。すなわち、竪坑底部より両方向に掘進する。技術者と作業員の人数が十分いれば、早い進行が可能である。それを示すように、首都ローマのマルキア水道は、水路(トンネル)断面一・五メートル×二・六メートルで、地下部分が延長八〇キロメートルもあるが、僅か四年間で建設した。それほどローマ人のトンネル掘削技術は素晴ら

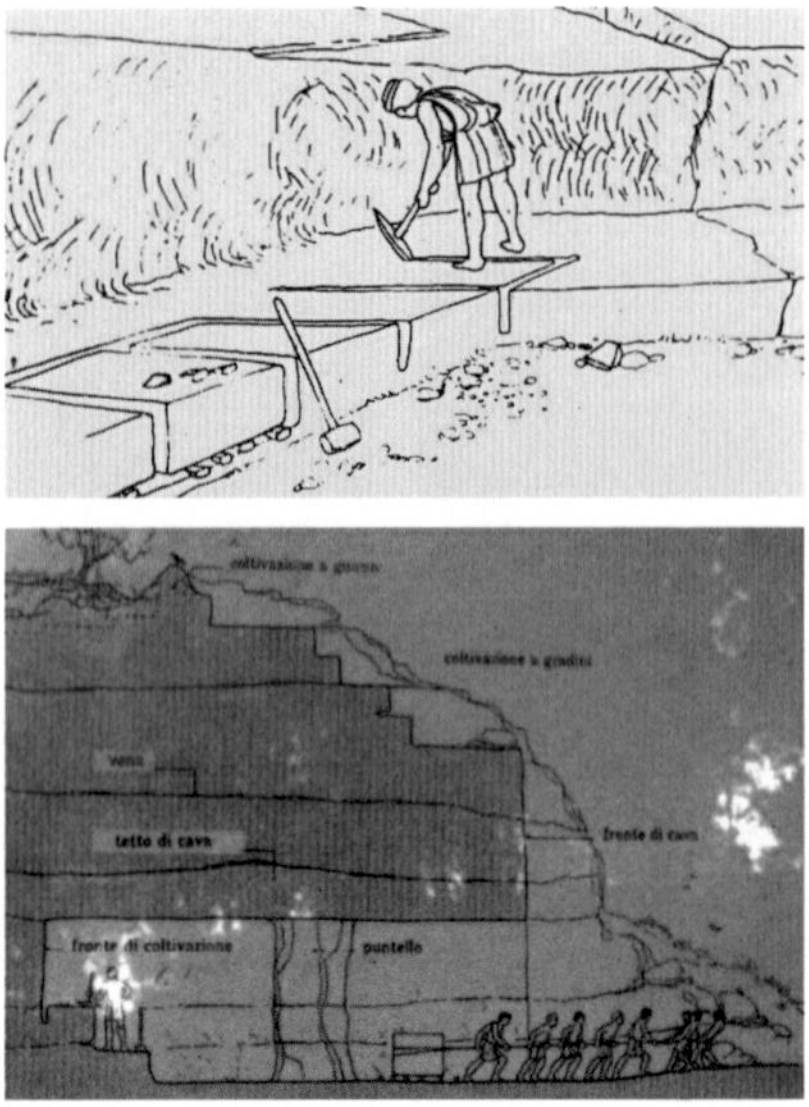

図42　クーマのトンネル掘削想像図

しかったのである。

コッセイオ・トンネルを例に、どの程度の期間でトンネルを建設できたかを算定した。五ヶ所の縦坑より併行して掘削すると仮定すると、竪坑〜入り口間距離で最も長いのが、アベルノ湖〜第一縦坑間で、約二九〇メートルある。この区間の工期は一年程度である。凝灰岩は掘削しやすいということはあるが、ローマ人は約一〇〇〇メートルの道路トンネルを短期間で完成させたのではないだろうか。ローマ人は「タイム・イズ・マネー」の発想があったのだから。

第二部

河川・海上交通がローマの繁栄をもたらした

ここからは、ローマ街道を離れて、陸の上ではなく、水の上の河道・海道を紹介する。
ダンカン・ジョーンズの研究によれば、
ローマ帝国時代の輸送コストは、「海上：河川：陸上＝一：四・九：二八」であり、
水の道が機能しなければ、ローマの繁栄は得られなかったのである。

第五章
何を、どこから運んだのか

ローマ街道は、基本的に軍事用道路である。ローマ帝国は、現在のEUを凌ぐ大領土を保持していた。広大な領土であるがゆえに、生産地と消費地が偏在し、それらを結びつけること、すなわち人と物資の移動のための交易路、特に河川・海上交通が不可欠であった。主要物資である穀物やワイン・オリーブ油などの食糧品や、衣料に使用する繊維や羊毛、金属用鉱物等を、どこからどのように運んだのか。さらに、長距離帆走の場合は風向が大切なので、どの季節に航海したのだろうか。第五の疑問「穀物やワイン・オリーブ油、そして羊毛や金属鉱物を何処から、そしていつの季節に運んだのだろうか」について説明する。

帝政ローマ時代、地中海には海上交易路が四通八達していたので、そのための施設、港や灯台も整備されていたのである【図43】。

その事例として、「地中海西部～ブリタンニア」【図44】ルートを紹介する。このルートは、ブリタンニアから羊毛や錫・鉛等、ガリアからワインやオリーブ油等を運搬する重要な交易路であった。海上ルートや、海上＋河川＋陸上のルートが多数選択できたのである。

具体的には、一番西側の「ジブラルタル海峡～大西洋」から、東側の「陸路を含むローヌ川～

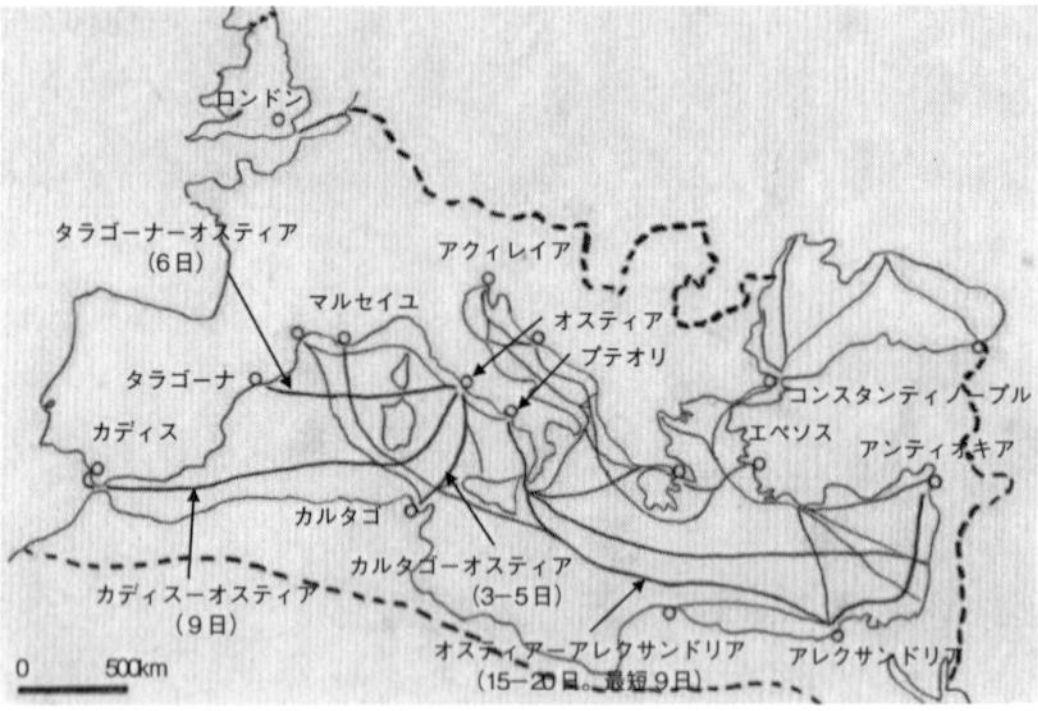

図43　ローマ帝国の主要交易航路(2世紀)

モーゼル川～ライン川～北海南部」まで六つのルートがある【図44】。ピーコックの研究によれば、距離の最も長い「ジブラルタル海峡～大西洋」の海洋ルートが最も安い。距離の最も短い「ローヌ川～セーヌ川～英仏海峡」の河川・山岳路・海洋のルートが、「ジブラルタル」ルートの倍以上のコストとなっている。距離は長くても、海上輸送が、河川や陸路そして海洋を組み合わせた輸送ルートよりも安いのである。

しかし、ここで忘れてはならないのは、長距離帆走は風に非常に左右されること、内陸ルートでは、途中に交易可能な都市があれば、前記ピーコックの評価はだいぶ変わるということである。単純に運送費用だけの判断で、ルートを決めるわけではない。途中で価値ある産品を売買できれば、わざわざその交易場所に立ち寄ることもある。

一方で、シルクロードをはじめとした長距離陸上交易路では、途中の国々の戦乱や治安が大きく影響する。それに比較すると、海上交易路は海賊の恐れはあるが、陸上の戦乱の影響は及ばない。季節(風)を選べば、陸上交易路より、早く安全ともいえる。いずれにしろ様々な外的条件で評価は変動する。

では、この交易路でどのような産品を輸送していたのであろうか。帝政期の輸入交易品を表3

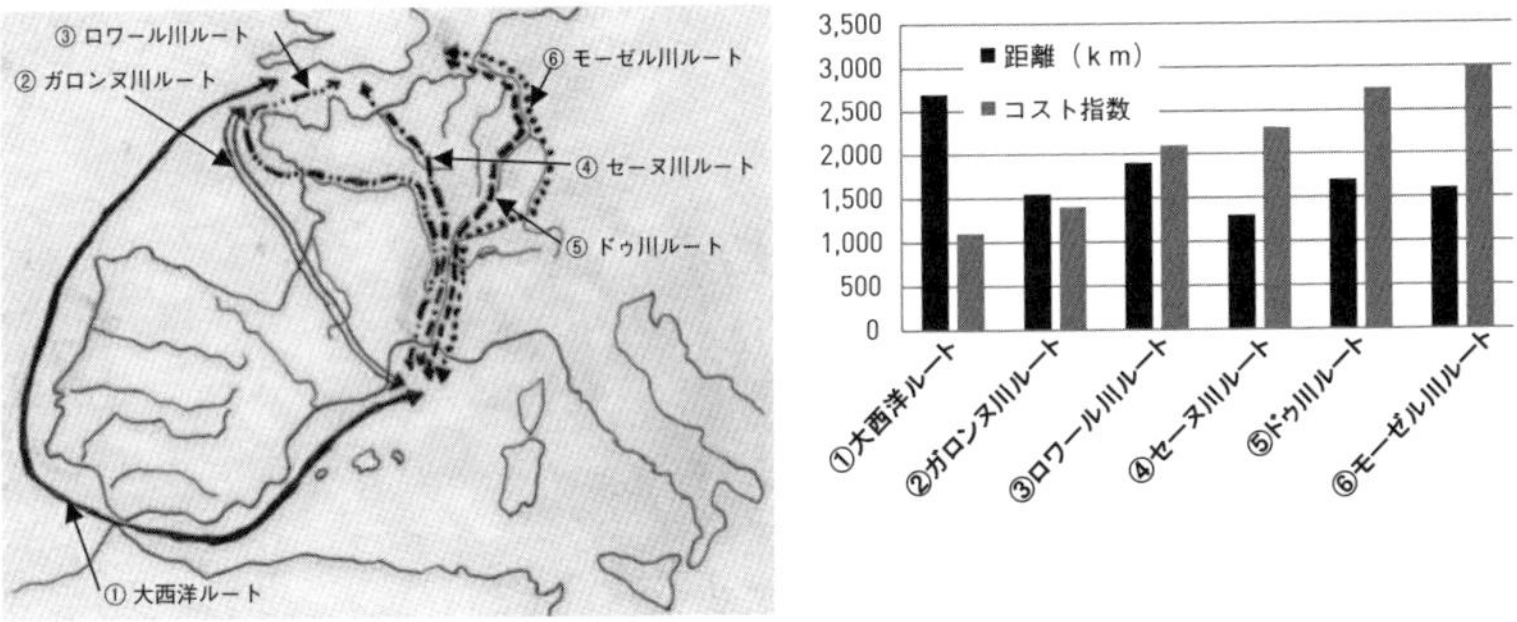

図44　地中海からブリタンニアへの輸送

エジプト	小麦、なつめ椰子の実、豆類、パピルス、斑岩、花崗岩および建築用石材、ソーダ、明礬（染色用および製革用）、亜麻、リンネル、衣料、ガラス製品、エチオピア産の金および鉄、アフリカ奥地産の象牙、シナイ産の銅、アラビア産の宝石および香料、印度物産の再輸出品
シリア	道路建設用の石灰石および玄武岩、木材、果実（生鮮果実および乾燥果実）、葡萄酒、絹およびリンネル製品、染料および染色衣類、ガラス製品、オリーブ油
小アジア	オリーブ油、葡萄酒、松露類、魚、薬草、乾燥果実、蝋、樹脂、亜麻、硫化鉛、砒素、赤鉛、雲母、大埋石、砥石、山羊製衣服、テント
ギリシャ	オリーブ油、葡萄酒、蜂蜜、大理石、石材、陶器
アフリカ	小麦、果実、オリーブ油、松露類、胡瓜、魚、漬物、黒檀、柑橘樹、大理石、雲母、皮、毛皮、野生動物（競技用）、奴隷
スペイン	金、銀、鉛、鉄、銅、魚、漬物およびソース、オリーブ油、蜂蜜、葡萄酒、果実、亜麻、エスパルト草、羊毛、衣料、網
ガリア	小麦、オリーブ油、葡萄酒、鉄、羊毛製品、陶器、ガラス製品
ブリタンニア	錫、鉛、獣皮および羊毛、牡蠣、鷲鳥、猟犬
インド	香料、薬味、胡椒、薬品、宝石、真珠、象牙、綿、綿、モスリン、皮革、チーク材、セイロン産シナモン
中国	絹および絹製品

表3　ローマ帝政期の首都ローマへの輸入交易品

に示す。同表はＣ・フェイル著『世界海運業小史』を基に作成した。小麦はエジプト・アフリカ・ガリア。ワインとオリーブ油はエジプト・アフリカを除く地中海各地。木綿や麻はエジプト・シリア・小アジア。羊毛はガリア・ブリタンニア等である。嗜好品の香料や胡椒はインドから。薫香料の乳香や、ミイラ作りの防腐剤でもあり、薫香料、薬に使われた没薬《もつやく》はアラビアやソマリアから。絹は中国から。ともかくあらゆるものが首都ローマに集まった。特に、これらの嗜好品や香料は非常に高価であり、交易で莫大な富を生んだ。

小麦

まず、古代ローマの為政者が、穀物の海上運搬になぜ必死になったのか。

第一の理由は、紀元前一二三年の護民官ガイウス・グラックスによる穀物法である。すなわちローマ市民一人当たり月五モディウス（六・六キログラム／モディウス）の小麦を六・三アス、市場価格の約半分で供給することを決めたのだ。その後、幾多の曲折を経て、紀元前五八年に、護民官クロディウスが、三二万人のローマ市民に一人当たり月五モディウスの小麦を無料支給することを決めた。さらに紀元前四六年、カエサルが支給人数を三二万人から一五万人に削減し、アウグストゥス帝はこれを二〇万人に増大させたのである。ともかく、古代ローマの為政者は、廉価あるいは無料の安定供給を約束したのである。ただしこれは首都ローマの市民に対してであり、属州諸都市についてはその限りではない。

ちなみに、一アスは『古代ローマを知る辞典』によれば一〇〇円程度である。これは平成一五年の小麦の単価と、古代ローマの一モディウス、一二アスを比較して算出したものである。また、ローマ市民とは、ローマ在住民ではなく、ローマ市民権を持つ人々。女性や奴隷や自由民は含まれない。

第二の理由は、首都ローマに関して言えば、多くの食糧を海外に依存したことである。特に小麦の三分の二は、海路二〇〇〇キロメートルも離れたエジプトから輸入しなければならなかった。

ガイウス・グラックスが廉価支給を決めた背景とは何か。それは、三次にわたるポエニ戦争(紀元前二六四~紀元前一四六年)に勝利し、地中海をわが海としたにもかかわらず、ローマ市民軍団が弱体化したからである。具体的には、紀元前一三五~紀元前一三二年のシチリア奴隷反乱の制圧の時に顕在化した。この反乱は、牧畜業者による奴隷への烙印・笞打の虐待、それに対する反抗に端を発した。最初はわずか四〇〇人の小規模な反乱に過ぎなかったが、三日間で反乱奴隷の数が六〇〇〇人にも達し、さらに大規模なものになった。無訓練の寄せ集め集団の反乱軍を迅速に制圧する力がなくなり、鎮圧に三年間もかかってしまったのだ。

ローマ軍の弱体化の原因は何かといえば、軍の主力をなす農民の貧困・弱体化である。まず、ローマから遠隔の地での長期の戦争。例えば、スペインやカルタゴでの戦争では、戦場への往復の時間も長く、相手は強敵であり戦争は長く続いた。このため軍団兵は長期間の拘束を余儀なくされた。その結果、耕し手のいない中小自作農民の農地は荒廃してしまった。次に、戦勝で獲得したシチリアやアフリカの植民地から、安価な穀物が大量に流入。さらに、征服で得た奴隷を使用する貴族の大農場(ラティフンディウム)が拡大。これらにより穀物価格は大幅に下落してしまった。その結果、中小自作農民は土地を捨て、無産者となり、首都ローマに流入したのだ。

中小自作農民の没落により、徴兵対象者の減少は、軍事力の低下に直結。やむを得ず、徴兵対象をより資産の少ない者にまで拡大した。それによって一家の働き手を取られた中小自作農民はますます没落。資産の少ない者から徴兵したローマの軍団は、質が著しく低下し、戦勝による負の循環が発生してしまった。国が富む一方、国軍を構成するローマ市民が没落し、ローマ軍の力が低下したのだ。

この負の循環を断ち切ろうとしたのが、ローマ市民への小麦の廉価或いは無料の提供であった。では、首都ローマではどの程度の量の小麦の供給が必要であったのか。

大カトーの『農業論』によれば、「農業労働者に冬は四モディウス／人日、夏は四・五モディウス／人日、そして、農場の執事や監督、家畜飼い等、肉体を酷使しない労働者は三モディウス／人日の小麦を支給する必要がある」とある。これらの数字は、あくまでも農業労働者に対してである。ローマ市民一人当たり月五モディウスの配給を勘案すると、ローマ人老若男女の平均の穀物摂取量は、一人一月当たり二・五モディウス程度と想定できる。ここから、首都ローマ一〇〇万人の消費量は、年間一〇〇万人×二・五モディウス×六・六キログラム／モディウス×一二ヶ月＝一九・八≒二〇万トンと算定できる。年間一人当たり約二〇〇キログラム。年間約二〇万トンの小麦が首都ローマに運ばれたのである。その運搬に、例えば二〇〇トン積みの貨物船を使用すると、約一〇〇〇隻が必要となった。

では、貨物船でどのように小麦を運搬したのであろうか。ローマ時代の貨物船は、船倉に幾つかの区画があり、そこにばら積みで搭載し、運搬した。袋詰めの小麦が人夫により船に運ばれ、計量されバラで積み込まれ、到着港で計量・袋詰めして搬出された。小麦はグラックスの時代から国家統制品であったので、計量が繰り返されたのであろう。しかし、国家統制は公営運搬を意味することではない。このことは後で説明する。

ちなみに、古代ローマ市民の小麦の消費量を、現代のイタリア人やフランス人と比較すると、どうだろうか。二〇〇九年の国全体の小麦の消費量・人口・一人当たり年間消費量は、イタリアは一一二五万トン・五九八七万人・一八八キログラム。一方、フランスは一八四六万トン・六二三四万人・二九六キログラムである。古代ローマ人と現代のイタリア人・フランス人とでは小麦の食べ方に違いがあるので単純な比較は難しいが、古代ローマ人の消費量を一〇〇とすると、現代イタリア人は九四、フランス人は一四八となる。古代ローマ人と現代イタリア人の消費量は、ほとんど変わらないのである。

写真27　パン屋と発掘された焼け焦げたパン、石臼とパン焼き窯

現代人は、小麦をパンにしたりパスタにしたりして食べる。では古代ローマ人はどのようにして食べたのであろうか。『古代ローマ文化誌』によれば、都市における最貧の人々は、挽いた穀物と水を混ぜて作る粥（プルス）を食べていた。地方では、野菜・チーズや肉を入れていたと記している。一方、七九年に噴火で埋もれたポンペイの町には、ローマ世界ではやっと二世紀に広まったパン屋が三四軒も確認されており、ポンペイの豊かさがわかるのである。壁画やモザイク画【写真27】に描かれているように、製粉、パン焼き、販売をすべて行っていた。また、軍隊の食事は『古代ローマ軍団大百科』によると、基本献立は穀物、ベーコン、

チーズ、酸っぱいワイン及び野菜とある。いずれにしろ小麦が主食であった。

前記のように、首都ローマでは、市民に小麦の廉価或いは無料の提供を約束していた。したがって、供給不足になれば、市民が暴動を起こしても仕方がないのである。五一年の食糧不足の際には、公共広場で第四代皇帝クラウディウス帝が怒った民衆に取り囲まれ、親衛隊が救い出した。その状況は『ローマ皇帝伝』クラウディウス編によると「凶作が続き、食糧事情が逼迫したある日のこと、クラウディウスは中央広場の真ん中で群衆に押しとめられ、罵詈雑言とともに、パン屑も浴びせられ、やっとのことで、しかも裏門を通って初めてパラティウムに難を避けることができたほどである」と記されている。

古代ローマ人は、耐え忍ぶのではなく、自分たちの権利をよく主張していた。そのため、十二表法のような法律の整備が早くから行われていたのであろう。

では、貨物船で運ばれた小麦は、どのように市民に配給したのであろうか。首都ローマを例に取ると、オスティア港で積み替えられた小麦は、川船等でローマ市に運ばれ、穀物倉庫に貯蔵された。帝政期には、一四区画にわかれたローマ市の各配給場で、市民に基本的に毎月一人当たり五モディウス提供された。これは貴賎にかかわらず実施された。所得制限はなく、配給を受けられること自体が名誉の表れと考えられていたのである。

ワイン

ブドウは、古代エジプトや古代ギリシャで栽培され、ワインは古代エジプト・ギリシャ・ローマでも広く飲まれていた。『プリニウスの博物誌』第一四巻一三によれば、「全世界にブドウ酒と名づけられると解してしかるべき酒に著名なものだけで八〇種類あるが、そのうち三分の二はイタリアのものであり、そういう点でイタリアは他のすべての国々をはるかに凌いでいる」とある。

古代ローマ人は「パンとサーカス」が示すように、遊び好き、そしてワイン好き。ローマ帝国各地でワインの生産が盛んになり、しかしこのため、大問題が発生したのである。『ワインの世界史』によれば、そのありさまを「イベリア半島から年間五〇〜六〇万キロリットルのワインが、イタリア本土に流れ込んだ」と記している。真偽のほどは別にして、イタリアにはワインが溢れ、酔っ払いだらけになった。そのためドミティアヌス帝は、九二年「イタリアにこれ以上新しいブドウ園を造ることを禁じ、さらにローマ帝国の、海外属州にあるブドウの木の半数を引き抜くこと」を命じた。「植民地ブドウ栽培制限令」を公布したのである。「半分を引き抜け」とは凄いことである。ローマ皇帝の力であろう。

ここで疑問が起きる。大プリニウスはベスビオス山の噴火調査行（七九年）で亡くなった。また、ドミティアヌス帝の在位は、八一〜九六年である。プリニウスとドミティアヌス帝の活動時期はほとんど同じであり、イタリア産ワインの全盛期である。そうすると、首都ローマにはイタリア産、イベリア半島産等々のワインが溢れるようにあったはずで、人々はそれらを浴びるように飲んだのだろうか。

古代ローマ人がどの程度の量を飲んだのか、試算してみた。『古代ローマを知る辞典』によれば、時代は若干違うが、一六四年頃のイタリアの人口は七六〇万人。このことから、イベリア半島産のワインを年間一人当たり六六〜七九リットル飲む勘定となる。この他にイタリア産・ギリシャ産・ガリア産もある。もっとも古代ローマ人は、日の出とともに午前中は仕事、午後は見世物や公共浴場、夜は遊びも灯火も乏しいので、ワインをがぶ飲みして気を紛らわせたのかもしれない。

大カトー著の『農業論』によれば、「農業労働者(主に奴隷)にブドウの収穫後三ヶ月間はブドウの搾り汁を水で薄めて発酵させたワイン(ピケット)は制限なしに。一二月は八リットル／人月、一～四月は一六リットル／人月、五月～八月は二四リットル／人月、そして祭り等の特別支給を含めて年間一人当たり二〇〇リットル支給すべきである」とある。ブドウ・ワインの農閑期は少なく、農繁期は多くなっている。大農式であるので、ブドウ・ワインづくりの従事者は、秋撒きの穀物等もつくっていたから、このワイン支給量は農場の労働者すべてに対してであろう。

いずれにしても凄い量である。一日当たりに換算すると、〇・五五リットル／人日。ワインの瓶は七五〇ミリリットルが基準なので、〇・七本／人日である。冗談だが、大カトーは「人間はアルコールエンジン付き。ワインを飲ませれば働く」と考えていたのかもしれない。そうすると、イベリア半島から年間五〇～六〇万キロリットル輸入というのは、あながち誇張というわけではなくなる。

二〇〇六年の世界一の消費量は、年間一人当たりではフランス、五四リットル／人年である。イタリアは四七リットル／人年。日本はビールや日本酒・焼酎等があるためか二リットル／人年と非常に少ない(山梨県ワインセンター調べ)。この計算値と比較すると、古代ローマ人はまさに大酒飲み。想像であるが、ローマ人は仕事もせずに浴びるようにワインを飲み、それゆえにドミティアヌス帝が「植民地ブドウ栽培制限令」を出したのかもしれない。

次に、ワイン運搬用貨物船の数を算定してみた。主要品の小麦、オリーブ油は国家統制品。時代にもよるがローマ市民に、無償の提供や廉価供給を約束したものである。一方、ワインは民間流通品。したがって、ワインは一般消費者に流通しやすい方法で運搬された。アンフォーラ【写真28】は約二六リットル。ワインを詰めると、容器の重さも含め一本四三キログラム程度になる。これを参考にすると、五〇～六〇万キロリットルのワインは、容器を考慮しても八三～九九万トンに相当する。したがって、二〇〇〇トン積載の貨物船が四〇〇〇～五〇〇〇隻必要となる。これらがすべてオスティア港に向かったわけではないだろうが、凄い量である。

アンフォーラは、開口部の両側に取手の付いた甕であり、平均は二六リットルであったが、大きいものは八〇リットルもの液体を入れる巨大なものもあった。特にオリーブ油用は巨大であった。アンフォーラの表面には所有者・取引商人・商品の名前が記されていた。そうしなければ、送り元や送り先がわからないからである。

アンフォーラの舟への搭載は、互いにぶつかりあって破損することのないように、藁の層で固定しつつ、積み重ねて、箱、あるいは籠に収められた。とにかく、アンフォーラが割れてしまっては商売にならないので、様々な工夫をしていたのだ。

写真28　アンフォーラ

前記したように、古代ローマ人は大酒飲み。ワインの銘柄の好みもあったのだろうか。ローマ時代の銘酒は、ファレルヌス山のワインである。ナポリから南東二五キロメートルのポンペイの居酒屋に「このカウンターではワイン（一杯が五〇〇cc）が一アスで飲める。もっといいものなら二アス。四アス出すとファレルヌス産のワインが飲める」という落書きが残っている。ファレルヌス山とはナポリの北西四〇キロメートルあたり。『世界を変えた六つの飲み物』によれば、「最上級のワインが中腹でつくられるファウスティアン・ファレルヌム、次が高所でつくられるカウチネ・ファレルヌム、最下級が低地でつくられる、単なるファレルヌムである」。このように、ブドウの生育場所でワインの等級を付けているのである。すなわちローマ人は葡萄畑の土壌、地形、気候、風土など、ブドウの生育環境、いわゆるテロワールを理解していたようだ。ちなみに『プリニウスの博物誌』第一四巻八にはイタリア葡萄酒の序列が記されており、「第一級の葡萄酒はアドリア湾岸のティマウス川水源地産のワインで、ファレルヌムは第二級である」、また同巻六には、「紀元前一二一年のワインが天候に恵まれ、良質」と記し、ヴィンテージも理解していた。さらに『世界を変えた六つの飲み物』には、「ファレルヌムは一〇年以上寝かせた白ワインが最高級とのことである。また紀元前一二一年の熟成一六〇年物のファレルヌムがカリグラ帝に献上された」とのことであるが、味はどうだったのだろうかと興味のそそられるところだ。古代ローマ人は、すでにワインで重要な、エージング、ヴィンテージ、テロワールを理解していたのである。二〇〇〇年も前の人々の美味を求める意欲に感服する次第である。

オリーブ油

オリーブ栽培とオリーブ油発祥の地は、地中海のクレタ島といわれている。オリーブ油を貯蔵するための最古のアンフォーラはクレタ島で出土しており、紀元前三五〇〇年頃のものとみられる。

古代ローマではオリーブ油をどのように使用したのか。保存が効くので、食用や灯火用に多く用いられていた。大カトーの『農業書』によれば、「農業従事者に毎月一パイント（〇・五七リットル）のオリーブ油を与えよ」とある。年間にすると七リットルである。ちなみに、二〇〇三年のオリーブ協会の調査では、一人当たり世界一の消費量はギリシャ人で、二〇リットル／人年である。七リットル／人年とすると、首都ローマの人口が一〇〇万人なので、七〇〇〇トン。アンフォーラの重量を考慮すると一・二万トンとなり、二〇〇トン積み貨物船で六〇隻が必要となる。

オリーブ油は、二世紀セプティミウス・セウェルス帝（在位一九三〜二一一年）の時にローマ市民に無料配給が制度化されたように、国家統制品であった。海上運搬してきた大型のアンフォーラ中のオリーブ油は、消費地で小型容器に移し替えられた。輸送用の大型アンフォーラは再使用することなく廃棄されたのだ。その廃棄法が面白い。ローマの南西部、地下鉄のピラミッド駅とテヴェレ川の中間にあるモンテ・テスタッチョ（陶片山）と呼ばれる山【写真29】。高さ約三五メートル、底面積二万平方メートル、体積五八万立方メートルの大きさがあると言われている。この場所には首都ローマがオリーブ油の管理していたホレア・ガルバエがあり、ここで小型容器に移し替えられた。

ローマ市のモンテ・テスタッチョ紹介のホームページによれば、毎年一三万個が輸入され、使用済みのアンフォーラが、五三〇〇万個も陶片山に捨てられたとのことである。アンフォーラは、スペインのグアダルディナビル地域産のものが主体で、その他チュニジアとリビア産の三種類であった。埋め立てに当たり、オリーブ油の腐敗臭防止の

写真29　19世紀のモンテ・テスタッチョ

ため石灰が撒かれたということである。人家等が近いため環境に配慮をしたのであろう。現代のような環境問題がすでにあったのだ。この陶片山は、オリーブ油のみのアンフォーラ廃棄場所で、他のワイン等のアンフォーラはない。その理由は、オリーブ油用アンフォーラは約七〇リットルと大型のため、再利用が困難であるからだと説明している。オリーブ油は国家統制品なので、海上運搬費用を安く上げようと、大型のアンフォーラを使用したのではないだろうか。

また、年一三万個のアンフォーラの輸入は、ローマ市民一人当たり年間九リットル程度の使用量となり、大カトーの言う、年間七リットルとほぼ合致している。

旅行者の船旅

古代ローマ時代の定期客船は、アッピア街道の終点ブリンディシと、アドリア海の対岸ディラシウム間を小型船で往復していたものしかなかった。その他の航路は、貨物船に同乗する形式であった。したがって、食べ物も客室や寝具もなかったのである。船員用の調理室は使えたかもしれないが、食材持参。客室はないので、甲板上でテント等の下で寝たのである。旅行者は、陸の旅同様に衣類、調理器具、食器、洗面具、寝具、食料等を持ち込まなければならず、大荷物であったのだ。

乗船するには、船主等に交渉して料金を払い、許可をもらう必要があった。それとともに、港の出航許可証を手に入れなければならなかった。自由にどこにでも船旅をすることはできなかったようである。『古代旅の物語』によれば、「アレクサンドリアでは総督の許可証が必要であった。発行の手数料が九〇年頃の記録によれば、商船船長・職人八ドラクマ、水夫・舟大工五ドラクマ、兵士の内縁の妻二〇ドラクマ、娼婦は一〇八ドラクマ以上を要求」とある。一ドラクマは、ローマ期の労働者の一日の賃金と言われている。理由は不明だが、女性は随分と高い。特に娼婦については、国外に行かせないようにしているのではないかと勘繰ってしまう。ちなみに、プトレマイオス朝エジプトはマケドニアのアレクサンドロス大王が本家本元であったので、ギリシャのドラクマ単位を使用していた。

出航は、宗教上縁起の悪い日、風向きが適していない日、そして出航前の犠牲式の吉兆占いで凶兆の時は見送られた。なかなか定時運行というわけにはいかなかったのだ。この時代の海上航行は危険性が高いので神頼みが多かったのである。

海上輸送ルート

帝政期、ローマへ運搬される最も重要な物資は、小麦等の穀物であった。これらはエジプト、アフリカ、ガリア等で主に生産された。その運搬ルートについて、『古代の船と航海』は、「ローマがローマ世界の万国市場であることを誇ることができるのは、これらの大きな海洋ルートのおかげである。ローマの港の繁栄と富をもたらす再輸出貿易を可能とするのは、これらのルートである」と、以下に示すアレクサンドリア、アフリカ、ガリアの三ルートについて、航路と航海日数を紹介している。航海日数は、大プリニウス（二三～七九年）の時代におけるものである。

アレクサンドリア・ルート

地中海の季節風が確認されるまでは、船団がローマに向かう時、航海はクレタ島の南岸を経て進む中間ルート、そして季節風の利用時代は、一つは、陸風と海風の交互に吹く作用（その影響は岸から約二〇キロメートルのところまで及ぶ）を利用してアフリカ海岸を行く。他の一つはロドス島海域まで北上して、西方地域に苦労して達する。アレクサンドリアからローマへのルートでは九日間の航海。

アフリカ・ルート

カルタゴ地方を出発してサルジニア島の東海岸に達し、これに沿って進んだのち、イタリアの港に向かって航行するルートである。アフリカからオスティアまでは三日間。

ガリア・ルート

一つはナルボンヌを出発し、コルシカ島とサルジニア島との間のボニファシオ海峡に向かって進む沖合のルートである。もう一つは、アルルまたはマルセイユを出発し、コルシカ島に達し、エルベ島を経てイタリア海岸に着く。なお、このルートはガロンヌ川、ロワール川や、ライン川、セーヌ川といった河川ルートと直接、間接に接続していたことが重要である。ガリアのナルボンヌ地方からオスティアまでが三日間。

これらは、航走に適した夏季の順風の最短記録である。この時代、地図はあってもＧＰＳも磁気コンパスもない。しかし、陸地が見える範囲での航行は問題が少ない。また、陸地から離れた大海でも、視界があれば太陽や星の位置で針路を決めることができる。しかし、順風ではなく視界に限度があると大難行をする。その事例がアレクサンドリア・ルートのイシス号の迷走である。

イシス号の迷走

二世紀のシリア人作家ルキアノスは、著作『船、すなわち人間の願い』に、「アレクサンドリアからオスティアに向かったイシス号が、七〇日もかかってギリシャのピレウス港に到着した」と記している。

その内容は、「アレクサンドリアを西寄りの北西風のなか出航。針路は大体北北東。七日目にキプロス島北西端アルナウティ岬を見る。ここまで約二五〇海里。ここから強い西風の中、北方、現在のトルコのアナムールを目指すが、東方、シリアの首都ベイルートの南、シドンに着いてしまった。ここから、キプロスとトルコの間を西に向かい、シドンを離れて一〇日後にゲリドンヤに到着。そして、ローマへの旅をあきらめ、七〇日後にピレウス港に到着した」というものである。ルキアノスの記述をもとに、図45にイシス号の航跡を示す。航海の季節についての記述がないが、その大変さを知ることが出来る。

イシス号は、ローマを目指すとさらに時間が掛かり、積み荷の穀物が売り物にならなくなるため、ピレウスで売却を目論んだようである。当初の航路は、アレクサンドリアからロドス島まで北上し、メッシナ海峡を通ってオスティアに向かうものだった。それが、とんでもない方向違いになってしまったようだ。このような事例が沢山あったのだろう。ちなみに、ピレウス港はエーゲ海に面したアテネの外港である。現在はエーゲ海クルーズ船が発着する美しい港である。

イシス号は全長五五メートル、幅一四メートル、深さ一三メートルの巨大船である。同船には係船用の錨・キャプスタン

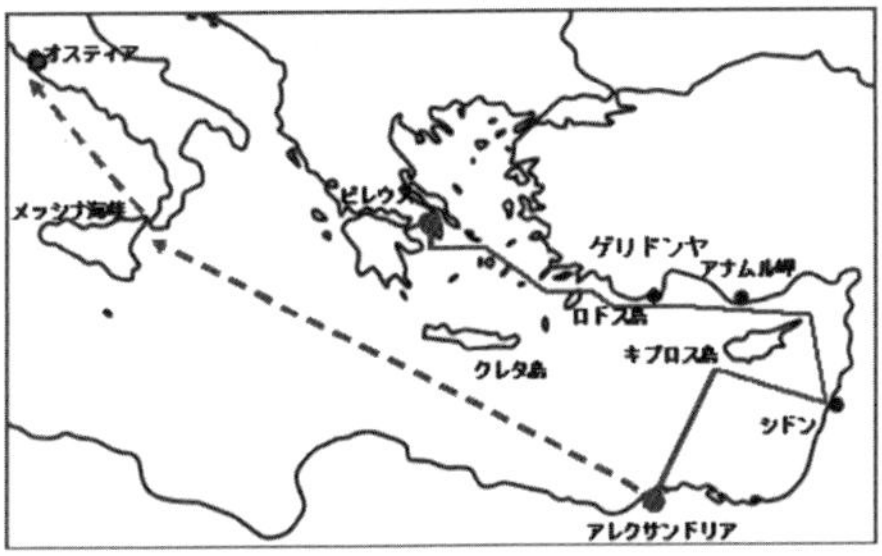

図45　イシス号の航路

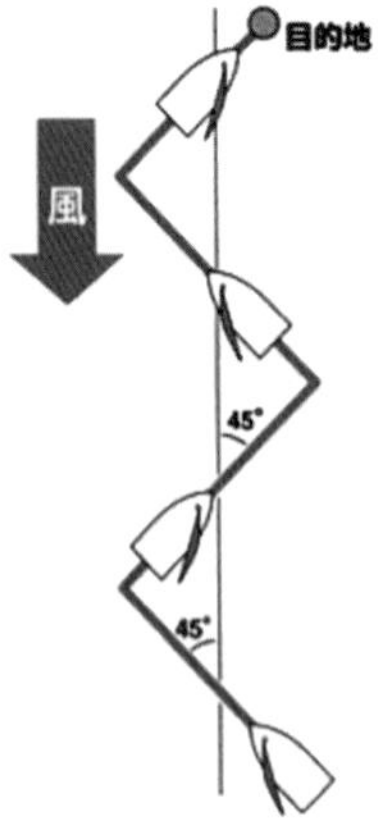

図46　風向きと帆船の針路

や荷役用のクレーンも装備していて、最大積載量は一二〇〇トンと推測されている。この時代、一般の交易船はカッソン（『古代の旅の物語』）の分析によれば、全長一五～三七メートル、最大積載量一〇〇～一五〇トンといわれている。ルキアノスはイシス号の大きさに驚嘆して記録したのだろう。しかし、深さ一三メートルとは随分バランスの悪い船である。

　ローマ期以降、イシス号クラスの積載量一二〇〇トン以上の交易船が出現したのは「一八世紀末から一九世紀初頭の東インド会社の船団であった」とカッソンは記述している。したがって、一六〇〇年間ぐらい、ローマの造船技術を凌駕できなかったのである。

　いずれにしろ、イシス号は順風期に航海をしなかった。逆風時に帆走をするとどうなるのか。横風なら針路方向に進められるが、少しでも向かい風になると大変難しい。すると、針路と少しずらした方向に進まざるを得ない【図46】。陸地から離れないように帆の向きを変え、ジグザグ航行をしなければならないのだ。現在のような簡便なウインチがあるわけでないので、強風下で帆の向きを変えるのは大変である。いずれにしても、ジグザグ航行では、航走距離は長くなるし、速度も遅くなる。まして陸地近くには暗礁もある。また陸風・海風があり、風が変わる時に凪が出現する。風向きに合わせて針路や帆の張り方を変えなければならないのである。

地中海の航海適期

イシス号の迷走のような事例があるので、船主は適期しか航海を望まなかった。それ以外の季節の航海は、リスクが非常に高い。迷走だけならばよいが、難破の恐れがあるからだ。

第四代皇帝クラウディウスは、飢饉の際に冬期航行を要請し、船主に補償金を約束しなければならなかった。多数の櫂による航行は軍船のみである。商船の航行は基本的に帆走によった。したがって、順風が得られる季節の選定が重要である。

地中海における航海適期については、『古代の船と航海』によれば「一つは狭い考え方であって、小心な旅行者が一貫して好む季節、すなわち五月二七日から九月一四日までの季節……。他の一つは広い考えかたであって……三月はじめから一一月一一日までの季節。……夏になると東部海域で、七月一〇日から八月二五日にかけて、北から南に吹く有名な季節風があり、それがエジプトとシリアからイタリアに向かう航海を難しくする。それゆえに、ローマ帝国時代に、この方向に向かう大航海はこの季節風期から外れた時期に行われ、そのかわり季節風期は復路の時期となる」とある。その季節風を図47に示す。初夏の南風、七～八月の北風を利用するのが賢い選択となる。

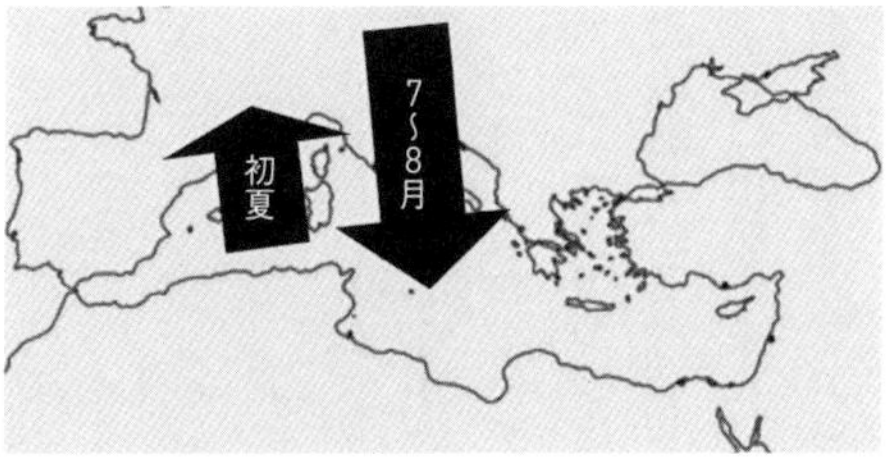

図47　地中海の季節風の風向き

「七月一〇日から八月二五日にかけて、北から南に吹く有名な季節風」とは、エテジア（地中海東部、特にエーゲ海一帯に夏季、六～九月に吹く北風）のことであろう。また、シロッコとは初夏にアフリカから地中海を越えてイタリアに吹く暑い南風（あるいは東南の風）である。アレクサンドリア航路では、穀物の刈入れ後の五月に出航し、オスティアを七月に出航するのが最も良い選択だったであろう。ただし、地中海は東西四〇〇〇キロメートルもあるため、地域、地域で風の性質は違うであろう。

一一月から三月の冬の季節は、地中海では風と雨の季節である。コンパスもない時代に雨で視界を遮られれば、船は盲目も同然であり、非常にリスクが高かった。よって船主は、大海の長距離航走は望まなかったのだ。

では、穀倉であるエジプトからローマに、年間どの程度、航海が出来たのだろうか。『古代のエンジニアリング』によれば、年間一・五往復である。オスティアで冬を過ごした場合、四月初旬に出航し、五月初旬までにはアレクサンドリアに着くことができる。そこで穀物を積み、五月中・下旬に出航出来れば、六五～七〇日の航海で、オスティアに七月末に到着したであろう。そして荷降ろしをして八月下旬に出航すれば、シーズンの終了前にアレクサンドリアに到着。冬の間はドック等に入り修繕をして、春先にオスティアを目指した。したがって、半分がオスティア、半分がアレクサンドリアで冬を過ごすことになる、とある。いずれにしても、大海の航海は大変なものであった。

陸送・河川の輸送

共和政ローマは、第二次ポエニ戦争（紀元前二一八～紀元前二〇一年）に勝利し、地中海を我が海とすると、属州各地から穀物等を運搬した。穀物の生産地は、シチリア、サルジニア、エジプト、アフリカ、ガリア等であった。生産地から陸送や川船で集積港に集められた穀物は、大型の貨物船

写真31　ナイル川の帆船

写真30　籠を付けたロバ

でイタリアのプテオリ港やオスティア港に海送され、そこから首都ローマに運ばれた。

陸上輸送は動物を用いた荷車、あるいは動物の背に乗せて運ぶ【写真30】。近距離で、水運がないところで使用された。穀倉地帯のエジプトにはナイル川【写真31】、ガリアにはローヌ川があり、地中海に注いでいる。両河川は大河であるとともに、川の流れは緩やかである。河口に向かう時だけでなく、上流に向かう際にも帆走が可能であった。特に、ヘロドトスにより「エジプトはナイルの賜物」と記されたナイル川は、貿易風の関係で、常時北から南、つまり川下から川上への風があった。したがって、積み出し港アレクサンドリアとの往復に非常に便利であった。これらの河川は、ローマ時代だけでなく、現在も水運が盛んなのである。河口近くにはそれぞれアレクサンドリアやアルルの良港があった。ここで川船から外航船に荷物が積み替えられた。ローヌ川の場合は、ナルボンヌで積み替えたのかもしれない。

帝政期オスティア港が整備されると、ここで首都ローマに向かう川船に積み替えられた。オスティアからローマまでは三〇キロメートル程度であるが、テヴェレ川はかなりの流れがあり、奴隷や動物が牽引して三日程度かかった。

第六章

船と運航者

大量の物資は、地中海をはじめとして大西洋・インド洋等を通って運搬された。この時代、官営商船隊があったわけではなく、すべて民間商船が物資の運搬を行った。その船の大きさはどの程度の規模で、誰が運航したのであろうか。さらに「パンとサーカス」の時代、首都ローマの為政者は小麦の廉価、あるいは無償の供給を約束している。利に聡い民間商船主をどのように小麦の運搬に仕向けたのか。すなわち第六の疑問「古代ローマの船と運航者は、どのようなものであったのだろうか」を説明する。

古代ローマの大型船舶

ローマ人は、どのような船を穀物運搬に使用していたのであろうか。地中海交易は、古代ローマ時代以前から、フェニキア人やギリシャ人が盛んに行っていた。ローマ人は陸の民であった。彼らの造船技術や航海術はフェニキア人等から習ったもので、独創性はない。第一次ポエニ戦争（紀元前二六四～紀元前二四一年）で陸軍国・ローマが、海軍国・カルタゴを打ち破ったのは、模倣の成果である。この戦争期間中、シチリア島近海で六次にわたる海戦があった。最大の戦いは、紀元前二五六年のギリシャ植民市アグリジェントに近いリカー沖海戦で、ローマ軍二三〇隻、カルタゴ軍二五〇隻が戦い、ローマ軍が勝利した。

ローマは、それ以前の紀元前三一二年には、アッピア水道やアッピア街道をつくっていた。延長五〇〇キロメートルのローマ水道や延長一五万キロメートルのローマ街道の建設が示すように、ローマ人は抜群の建設技術を有していた。それも大量・急速施工が可能な実践的技術である。模倣とはいえ、大型船舶を大量生産することは、ローマ人にとって訳もないことであったのだ。

ポエニ戦争当時のローマの軍船の多くは、一〇〇トン前後の大きさである。写真32からわかるように、敵船に衝突・撃破するために、船首に青銅製衝角があり、多数のオールを駆使して高速性と運動性能を持っていた。帆はあくまでも遠距離航走のためであった。高速性を保持するため、

写真32　衝角を持ったローマの軍艦（ガレー船）

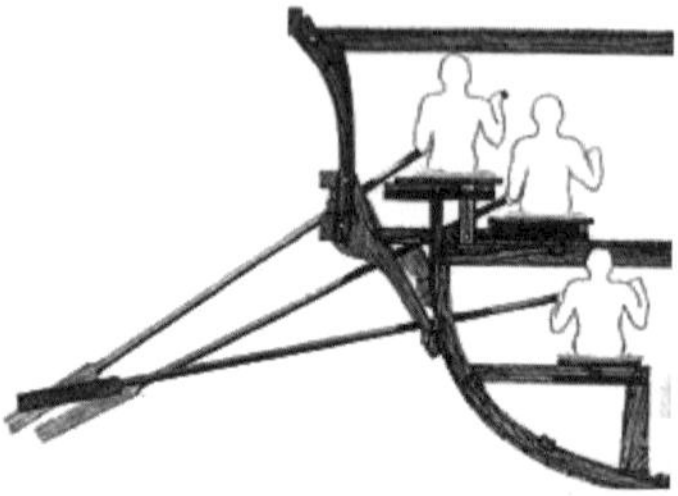
図48　三段櫂船

写真33　ローマの商船

船体の長さと幅の比率は、一〇対一程度の細長い船であった。戦闘用に、多数の兵士や漕ぎ手が乗っていたのだ。

『古代の船と航海』によれば、三段櫂船【図48】は、漕ぎ手一七〇人、合計二〇〇人強の人員が乗っていて、長さ約三五メートル、幅五・五メートル、喫水は一メートル以下。多分一〇〇トン以下の船であったのだろう。『古代ローマ軍団大百科』によれば、ポエニ戦争では大部分が五段櫂船。漕ぎ手三〇〇人、兵士一二〇人が乗り、より大型であった。

一方、商船【写真33】は貨物の運搬が仕事であり、多数の漕ぎ手を搭乗させていては、肝心の貨物の搭載量が減ってしまうため、複数の帆を持ち、帆走が主で、漕走は港への出入港時程度であった。したがって、オールの数は少ない。積載量を増やすため、船の長さと幅の比は六～四対一程度とずんぐりむっくりであった。その方が、安定性を増し、外洋の航行にも適している。

ギリシャ人やフェニキア人は、一〇〇～二〇〇トン程度の船しか運航させていなかった。しかし、地中海の覇者となったローマ人は進取の気性に富み、前記したイシス号のように大きなもの、新奇なものを好んだ。その中には馬鹿げたもの、単なる見世物用もあったのだ。

カリグラの船

第四章で紹介した浪費家の皇帝カリグラの再登場である。ローマの南三〇キロメートルの小さな火山湖・ネミ湖に、カリグラ帝がつくらせた二隻の巨大船【写真34】。湖に浮かぶ神殿、宮殿船があった。大きい方（七〇メートル×二四メートル）は女神ディアナの神殿船。小さい方（七〇メートル×二〇メートル）は大理石の床や水道・浴室まで完備していた宮殿船。ともに排水用のビルジポンプがあり、宮殿

写真34　カリグラの船

写真35　ピストンポンプ

船には給水のためのピストンポンプ【写真35】もあった。このポンプは、ウィトルーウィウスの『建築書』第一〇書に記載されているものと同じである。人力駆動という点を除けば、現代のポンプと機構は同じである。このような機械が書物に記載されていること自体、凄いことである。

船は、写真34のように、平底で、航行用ではない。人が写っているが、豆粒ぐらいの大きさにしか見えない。ともかく大きいのだ。二艘とも沈没し、一九二九年から一九三二年にかけ、「ローマ帝国の復活」を掲げた時の首相ムッソリーニの号令で、湖底から引き揚げられた。しかし、第二次世界大戦の空爆で、一九四四年に焼失してしまった。惜しいことをしたものである。ともかくこれだけの巨大豪華船を作る技術があったのだ。

続いては、巨大なオベリスクのエジプトからの運搬である。カリグラ帝は戦車競技に熱を入れ、現在のバチカンの地に戦車競技場（ガイウスとネロのキルクス）を建設した。そこにエジプトから運んだオベリスク【写真36】を建てたのだ。オベリスクの大きさは、高さ二六メートル、重さ約三〇〇トンである。基礎部分は約四〇〇トン。この運搬用台船には、バランスを取るために、船倉に一三万モディウスのレンズ豆（約九〇〇トン）をバラストとして積み込んだとのことである。これらを合わせると、積載量が約一六〇〇トンとなる。巨大船ということだけでなく、甲板に重量物を乗せるのであるから、特別に補強した船であったのだろう。長距離の外洋航海をするのであるから、ナイル川を航行するのと訳が違う。しかし、この台船はこの後に有効利用されたのだ。コンクリートを投入して沈められ、オスティア港の灯台の基礎となったとのことである。カリグラ帝はこのようなことは予想しなかっただろうに。

ちなみに、現在イタリアには古代エジプトから運搬されたオベリスクは一三本ある。一番大きいのは、コンスタンティヌス二世が三五七年に運び、現在はローマのサン・ジョヴァンニ・ラテラノ教会にある、全高四六メートルのオベリスクである。これも、元は最大の競技場キルクス・マクシムスに設置されていたのだ。これら一三本のオベリスクの運搬には莫大な費用がかかったことであろう。そのくらいローマ帝国には財力があったということである。

カリグラ帝が運搬したオベリスクは、一五八六年、教皇シクストゥス五世がドメニコ・フォンターナに命じ、サンピエトロ広場【写真36】のシンボルとして、現在の位置に移動させている。

写真36　サンピエトロ広場とオベリスク

江戸時代の船舶

古代ローマ時代の海運に対して、江戸時代の海運はどうであったのか。時代も国も違うが、比較することは興味深いことである。

「狸おやじ」の異名を取る徳川家康は、実に開明的であった。一六〇〇年、

写真37　朱印船

写真38　北前船

豊後に漂着したオランダ船の航海士ウィリアム・アダムス（三浦按針）らを外交顧問として採用したり、一六〇一年以降、カンボジア等の東南アジア諸国に使者を派遣したりして外交関係を樹立した。そして、一六〇四年には朱印船制度を実施したのだ。このように、家康は海外交易に熱心であった。しかし、三代将軍家光の時代、一六三五年に第三次鎖国令が発令され、すべての日本人の海外渡航と帰国を禁止し、朱印船貿易は終末を迎えた。この間、三五六隻の日本船が朱印状を得て海外に渡航した。

朱印船【写真37】の積載量は四八〇石（載貨重量七二トン）～三二〇〇石（載貨重量四八〇トン）程度であった。この時代、大型船を建造して大海を航海する技術はあったのだが、武家諸法度・寛永令（一六三五年）で、五〇〇石積以上の船の建造制限が盛り込まれた。これは、参勤交代と同様に、諸大名に武力、すなわち大型軍船（帆走でなく、櫂走が主力）の所持禁止を目的としたものであった。しかし、三年後に商船の帆走船のみ制限が撤廃された。このため「千石船」と称される大型帆船も出現した。いずれにしても、船舶が小型化して沿海航路のみとなったため、造船や航海技術は朱印船貿易がおこなわれた江戸初期以降、衰えてしまった。

江戸時代の国内航路で有名なのは、北前船【写真38】である。日本海側を北海道から大坂まで往復していた船。一般的には、河村瑞賢が寛文一二年（一六七二年）に庄内地方（山形県）の御城米（天領の年貢米）を大坂経由で江戸まで運んだ「西廻り航路」の船のことを称している。北前船が活躍したのは一八世紀後半からで、一〇〇〇～一五〇〇石級の大型船が出現した。

北前船が運んだものは、米だけでなく、酒田からは紅花、北海道からは昆布やニシン、瀬戸内の塩や鳥取・島根の鉄。北前船の隻数については、確かな記録は残っていないが、江戸時代後期には、五〇〇石以上の大型廻船は一五〇〇～一六〇〇隻ほどの船が就航していたと言われている。三月下旬～四月上旬にかけ、大坂港を出航し、瀬戸内海から日本海の各々の港で商いをしながら蝦夷地に到着。江差、松前、箱館で積み荷を売りさばき、六月、干鮭、昆布、ニシンなどを仕入れて七～八月頃蝦夷地を出航し、晩秋の頃に大坂へ帰港する。つまり一年一航海で行われていた。

誰が船舶を運航し、どのような港湾労働者がいたのか

紀元前二一八年秋、カルタゴの将軍ハンニバルは、アルプスを越え、イタリアに侵入した。非常時であるにもかかわらず、時の護民官クィントゥス・クラウディウスは、民会に「三〇〇アンフォーラ（約一二・九トン）以上の荷を積める船舶の保有を、元老院議員及びその子弟に禁止」する法律を提出。これがクラウディウス法で、大規模な海上交易に従事することを事実上禁止したものである。

この法律はこれ以降、首都ローマでは帝政時代も遵用された。さらに地方レベルでも、都市の元老院に相当する市参事会の議員に適用されたようである。そのぐらい重要な法律だった。元老院議員や市参事会議員は名誉ある特権階級なのだから、一攫千金を企てるような海上交易の仕事をするな。額に汗を流す、国の基本である農業に精を出せ、ということなのであろう。海上交易

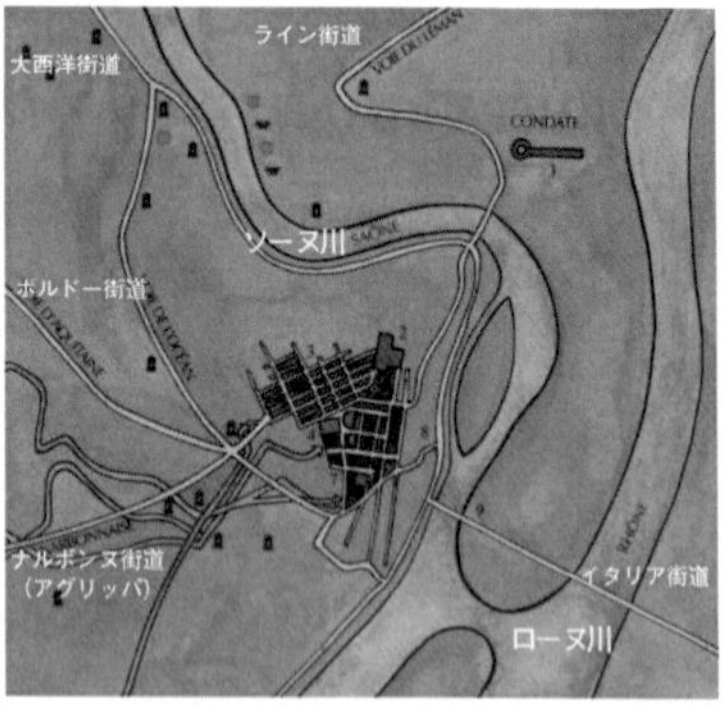

図49　リヨンのローマ街道

は、名誉ある人々がする仕事ではないと見られていた。

それとともに、この法律は、第一次ポエニ戦争で、海洋国家カルタゴに、陸の国家ローマが同盟国の協力で完勝した驕りであるのかもしれない。古代ローマは、高位の元老院議員が海に慣れることの必要性を認めなかった。彼らを艦隊司令として、国営艦隊を持たなくとも、第一次ポエニ戦争同様同盟国を利用すれば制海権を持てると考えたのであろう。自前の海軍の発想はなかったのだ。その結果、紀元前一世紀の海賊の跳梁を許すことになってしまった。

クラウディウス法を定めたことにより、元老院議員は投資の対象を土地に特化することになり、大量の奴隷を使役する大土地農業を発達させることになった。もう一方で、海上交易を担当する身分(騎士)の人々を富ませることとなった。海上交易は騎士階級と外国人、すなわちカルタゴ・ギリシャ・ユダヤ・シリア人らが行っていた。

各都市も同様であった。ガリアのリヨンはソーヌ川、ローヌ川が流れ、河川交通の要衝の地であり、船主・商人組合があった【図49】。この組合には、都市参事会員は参加していない。それ以下の階級の人々により、河川交易は営まれていた。海上交易同様、河川交易にも歯止めがかけられていたのだ。ローヌ川に面した、同じように河川交通の要衝の地、アルルも同様であった。

リヨンは、紀元前四三年にローマの植民市ルグドゥヌムとして建設され、属州ガリア・ルグドゥネンシスの州都であった。リヨンの歴史地区は世界遺産ともなり、ローマ劇場が残っている。

いつの世の中でも、法律には抜け道があるものだ。儲かる仕事の陰には、法律に抵触しようとも、悪知恵を働かす輩がいる。クラウディウス法も、現実には元老院議員が解放奴隷等を使って、違法な取引をしていた。たとえば、第二次ポエニ戦争でハンニバルを打ち破った救国の英雄・大スキピオを公金横領の疑いで弾劾した大カトーである。『プルタルコス英雄伝』カトー編に、「また金貸しの中でも最も非難される海上貿易への貸金を、次のような方法で行った。金を借りたいものに大勢を仲間に呼び集めるように勧め(組合締結)、彼らが五〇人に達し、船も同数だけ揃うと、自分は解放奴隷のクインティオを通じて一株だけ引き受けたが、クインティオは貸し手と一緒に航海をして商売をした。そこで貸金の全額が危険にさらされることはなく、一小部分の危険で、利益は大きかった」と、記述されているように、色々と悪巧みをしていたのだ。元老院のリーダーで、清廉派と目された大カトーがこのありさまである。他は推して知るべしであろう。

海上交易で大儲けしていたということを、『トルマキオの饗宴』に、「自分も主人に気に入られるように一四年間も努力した、と言う。その甲斐あって、主人は皇帝とともに自分を遺産相続人にしてくれ、元老院議員の資格財産(一〇〇万セステルティウス相当)ほどの遺産をのこしてくれた。それを元にして船を五隻つくり、ブドウ酒をローマへ運ぼうとしたがすべて難破してしまった。海神ネプトゥヌスが三〇〇〇万セステルティウスを一日で呑み込んでしまった。それにもへこたれず、より大きな立派な船をつくり……。ひと航海で一〇〇〇万セステルティウスも儲けることができ、事業を拡大して、故郷の全土よりも広い地所を持つまでになった」と記されている。トルマキオは解放奴隷である。「ひと航海で一〇〇〇万セステルティウスも儲け」とは四〇億円相当であり、その数字の真偽は定かではないが、大変儲かったことは間違いないであろう。海上交易は、危険も多かったが、儲けも莫大であった。

港にはどのような種類の労働者がいて、どのような組合があったのか。荷物の運搬のための荷役労働者、荷物の計量管理のための計量者・積算士・計量書記、品物が倉庫に保管される場合には検数員がいた。さらに船の補修等のため、舟大工・帆づくり職人・防水職人・貨物船の出入港の補助をする曳船業。さらに、港湾管理官庁が置かれ、港税や関税を徴収する財務官や穀物輸入に関わる食糧官が配置されていた。これらの労働者は仕事内容が細分化され、それぞれ同業組合をつくり、仕事の独占を図っていた。

例えば、背中に荷を担ぐサッカリイ、各種の歩み板を段取りするファランカリイ、海中に落ちたものを拾いあげるウリナトレス（潜水夫）などがいたのである。

船舶運航者への特典供与

非常に儲かった海上交易ではあるが、航海技術が進んでいないこの時代では、危険性の高い仕事でもあった。ローマが繁栄し、食糧の多くを海外に依存するようになると、安全な航路や平穏な季節ばかりを選んで航海をしているわけにはいかない。飢饉の時には、ローマの為政者は食糧確保のために、なりふり構わず民間船主に航海をさせなければならないこともあった。食糧不足でローマ市民を怒らせると大変だからである。皇帝ですら市民に追い回されるのだから。

確実な船舶運航を確保するためには、為政者は船主に特典を与える必要があった。その特典の中から、いくつかを紹介する。

•紀元前五七年、ポンペイウスは穀物供給指揮（クーラ・アノーナエ）の大権を得た際に、小船主を一定期間ローマへの食糧輸送に仕向けるために、彼らにローマ市民権を提供した。これは軍事目的に対してではなく、経済的奉仕に対して行われた最初の市民権付与である。

・第四代皇帝クラウディウスは、食糧輸入のために、オスティア港建設のみならず、冬期の輸送船を確保するために、穀物一万モディウス（六三トン）以上積載可能な船の所有者に対して特典を与えた。彼らがローマへの穀物輸送に船を六年間提供すれば、ローマ市民の場合は、パピウス・ポッパエウス法（独身者や子供のいない既婚男性が不利益となる法律）の適用を免除したり、ラテン市民権しかない者に対してローマ市民権を付与したりした。

・第一四代皇帝ハドリアヌスは、食糧輸送に大部分の資産を投資する船主に、富裕市民に課されていた公的な強制奉仕義務の免除特権を認めた。

・さらに彼に続く第一五代皇帝アントニヌス（在位一三八～一六一年）は、その資格を明確化して、五万モディウス（約三二〇トン）の積載を超える船か、あるいは一万モディウス級の船を数隻（多分五隻）所有する者とした。

ともかく、ローマへの穀物供給の生命線は海外からの輸送であり、これを確保するために、為政者は船主に、なりふり構わず様々なインセンティブを与えたのだ。国家は自ら手を下さず、民間が働きやすい仕組みをつくった。賢い政策である。

第七章 航海で必要なインフラ（港と灯台、地図やガイドブック）

大量の物資を運搬・荷役するには、大型の港湾の確保、航路を示す灯台の設置は不可欠である。これらの施設はどのような規模であったのか。また、港湾や航路を示す地図やガイドブックはどのようなものであったのだろうか。すなわち第七の疑問「航海で必要な港と灯台、地図やガイドブックなどのインフラはどのようであったのだろうか」を解説する。

港湾施設や穀物倉庫の建設、整備

船舶については、ローマ人の造船技術や航海術はフェニキア人やギリシャ人から習ったもので、独創性はない。しかし港湾は違っていた。いくら船舶が大型化しても、直接接岸・荷役が出来る港湾施設がなければ宝の持ち腐れであると考えた。荷役した物資を一時貯蔵し、消費地に陸送あるいは川舟により輸送する必要があったのだ。さらにこの港湾は、荒天でも安全に入港、待機できる灯台と防波堤の完備が不可欠である。

古代ギリシャやフェニキアの植民市は、天然の良港につくられることが多かった。例えば、ギリシャ植民市のナポリ・シラクーサ、カルタゴ植民市のパレルモ等である。生い立ちが陸の都市

図50　カルタゴ港（円形部分が軍港。直線部が商業港）

国家であった古代ローマは、天然の良港という発想はなく、港は人工でつくるものであった。

ローマへの穀物の輸送は、春の収穫の後、一気に始まる。つまり秋蒔き穀物である。この他に、ギリシャやスペインのワインやオリーブ油、インドの香料、中国の絹、スペインの銀、キプロスの銅・鉄、ギリシャの大理石等が船舶で運ばれた。ストラボンによれば、毎年一二〇隻の船がインドに行ったと記述している。

このため、ローマ近郊に港が必要となった。海洋国家であるギリシャは円形の港、フェニキアは掘り込み式の港を得意としていた。古代ローマは、港の建設に技術力を発揮した。プテオリ港やオスティア港のような直線・直立式の埠頭の採用である。これが非常に重要なのである。オスティア港では一〇〇〇隻以上にもなる大型貨物船から、短期間に荷揚げし、テヴェレ川を航行する川船に積み替えする必要があった。荷物を迅速に荷上げするには、船が横付けできる直線・直立式の埠頭が最適であった。横付けの場合、クレーンが有効に使用できると共に、舷側の数ヶ所からも荷降ろしができるのである。

一方、カルタゴ港【図50】のように掘り込み円形の港の場合、船は縦付けとなり、たくさんの船を係留はできるが、荷物の積み降ろしは船首一ヶ所しかできないため、クレーンが有効に使用できない。

ドイツのライン川沿いにも多くの港がつくられ、資材の荷役に数多くのクレーン【写真12】が使用された。原理は現在と変わらず、動滑車と定滑車を使っていた。違いは駆動が人力ということだけである。我が国でクレーンが使用されたのは、江戸末期のようである。それまでは重量物の荷役には「ろくろ」と称する、ウインチのようなものを使用していた。これには動滑車は使用されていなかった。

　直立式埠頭【図51】を建設するためには、コンクリートが不可欠である。コンクリートがなければ石を積んだ傾斜式の岸壁しかできない。傾斜式だと、横付けの船は岸から離れた位置にしか係留できないので【図52】、荷物の積み下ろしのための距離が長くなり、クレーンも大型のものが必要となる。そのコンクリートをローマ人が発明したのである。特に、水中コンクリートを使用して防波堤や埠頭を建設したことが特筆される。

　『技術の歴史』を著作したフォーブスは、「なんといっても、古代の最も優れた技術者はローマ

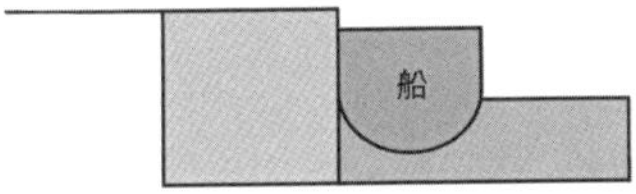

図51　コンクリート製直立式埠頭

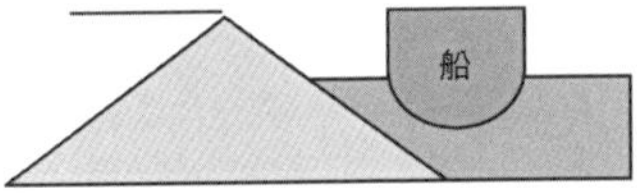

図52　石積み傾斜式岸壁

写真39　オスティアの穀物倉庫

図53　テヴェレ川の荷役・貯蔵施設

人であった。……彼らの科学は大部分がギリシャのものであるか、あるいは、ギリシャのたましいを吹きこまれたものであった。……コンクリートの発明とその建築・土木技術への応用は、ローマ人に帰せられる唯一の大発見である」と記述しており、科学的独創性の乏しい古代ローマ人の唯一の大発明・発見がコンクリートであると述べている。ローマ時代のコンクリートについては、拙著『水道が語る古代ローマ繁栄史』を参照されたい。

こうした港湾施設の建設、整備とともに、大量の輸入食糧に依存し、その輸入が冬期には困難になる首都ローマにとって、食糧備蓄倉庫【写真39、図53】は不可欠であった。それらはプテオリやオスティアの港に設けられていたが、次第にローマ市内にも必要となった。アウグストゥス帝の右腕でもあったアグリッパは、紀元前二〇年頃、フォロ・ロマーノ、テヴェレ川沿いや市北部に倉庫を建設した。

オスティア港

共和政期、カルタゴやシチリアからの穀物等は、ナポリ近郊のプテオリで、外航船からテヴェレ川も航行できる内航船に積み替えられた。しかし、首都ローマの人口が急増して、この方法では需要を賄いきれなくなってしまった。

ローマの本来の外港はオスティアであったが、河口港のため、洪水時や波浪が高い時は、商船が安心して接岸し荷上げすることができなかった。それを改善しようと、カエサルやアウグストゥス帝も港の建設を計画したが、着工には至らなかった。しかし、四一年に深刻な飢饉がローマを襲い、クラウディウス帝が民衆に脅かされ、新港【図54】の建設を決意した。

良港にするために必要なのは、第一に大型船が航行できる水深のある水路の確保。第二に大型船が直接接岸できる埠頭の建設である。実際の工事開始は四二年で、次のネロ帝の時代に完成したと言われている。「四六年、クラウディウスは、テヴェレ川から運河を港まで開通し、海の危険から都を解放した」との碑文があり、この年には、部分使用は可能であった。クラウディウス帝は、八〇ヘクタールの停泊水域を掘削し、延長二三〇〇メートル以上の埠頭を建設、さらに大型船（オベリスク運搬用台船）にコンクリートを詰め、海底に沈めて灯台用の島とした。

この灯台について、『ローマ皇帝伝』クラウディウス編に、「かつてエジプトから大きなオベリスクを積んで到着していた大船をあらかじめ沈めておき、この上に石柱を積み重ねて、さらにその上にアレクサンドリアのパロス島の有名な灯台をまねて、非常に高い塔（六〇メートル）を建て、この夜の灯火を目あてに、船が航路をとれるように配慮した」と記されている。

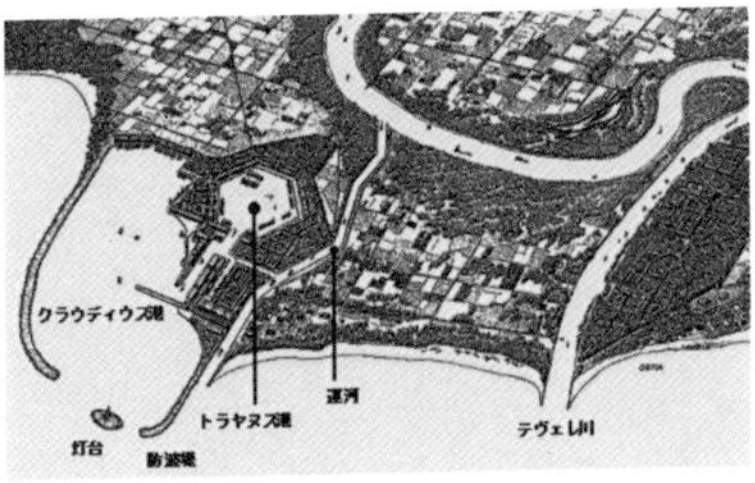

図54　オスティア港

これらの計画により、少なくとも二〇〇隻以上の船が停泊できるようになった。とはいえ、六二年には嵐により二〇〇隻の船が沈没したという。防波堤の機能が十分でなかったようである。しかも、クラウディウス港はテヴェレ川の堆積物により埋め戻りが激しく、港の機能が年々低下してしまった。

港の安全性と機能を増したのは、トラヤヌス帝であった。彼は、クラウディウス港の奥に内港【写真40】を造成し、それらの港とテヴェレ川とを繋ぐ運河を建設した。建設開始一〇六年、完成は一一三年と言われている。港の周囲には穀物倉庫、ドックヤードとともに、税関、その他の国の機関、護衛の兵士の宿舎、商人や船主、船頭の住居、浴場や劇場などがあった。世界の産物が集積し、世界中の船乗りが集まり、オスティアの街は非常に賑わった。それを示すように、二～三世紀には、一〇〇の神殿、一七の公共浴場、約四〇〇〇〇人も収容できる円形劇場もあったのだ。オスティアで積み替えられた物資は、奴隷や動物に曳かれた平底船でローマまで運ばれた。

『図説交易のヨーロッパ史』によれば、「オスティア港は、年平均で一万二〇〇〇隻の船を受け入れ、取り扱い貨物は年間約八〇万トンに達した」というほど繁栄した港であった。

写真40　オスティア・トラヤヌス港模型

しかし、テヴェレ川の河口に位置するため河川堆積物が多くて埋め戻りが激しく、帝国の衰退とともに忘れさらされてしまった。現在は海岸線から遠く離れ、ローマ・フクチミ空港の下に埋もれてしまった。しかし、トラヤヌス港の跡は現存し、ローマ空港に離着陸する飛行機から六角形の形状がよく見えるのである。

プテオリ港

共和政時代には、ナポリ北方のプテオリ港【図55、写真41】がつくられた。ここは、オスティア港ができるまで首都ローマの外港であった。防波堤の内側に直線式の埠頭があり、外航船からの貨物は、プテオリで小舟に積み替え、ローマまで海送、あるいは陸送した。

この埠頭は、長さ三七〇メートル、幅一五メートルあった。南西側防波堤の下部構造は、樫の杭を海底に打ち込み、杭で囲まれた空間に水中コンクリートを打設して構築した。『建築書』第五書には、水中コンクリートによる防波提のつくり方が記載されており、その通りの構造である。なお、この地は現在ポッツオーリと呼ばれ、セメント発祥の地でもある。このセメントの発明が、プテオリに港をつくらせ、町に繁栄をもたらしたのである。ともかくコンクリートがなければ、プテオリ港の建設は違ったものになり、ローマの繁栄はなかったかもしれない。

灯台

地中海を航行する船舶は、夜間航行も行った。晴天の夜ならば、星座を目印に航行出来た。し

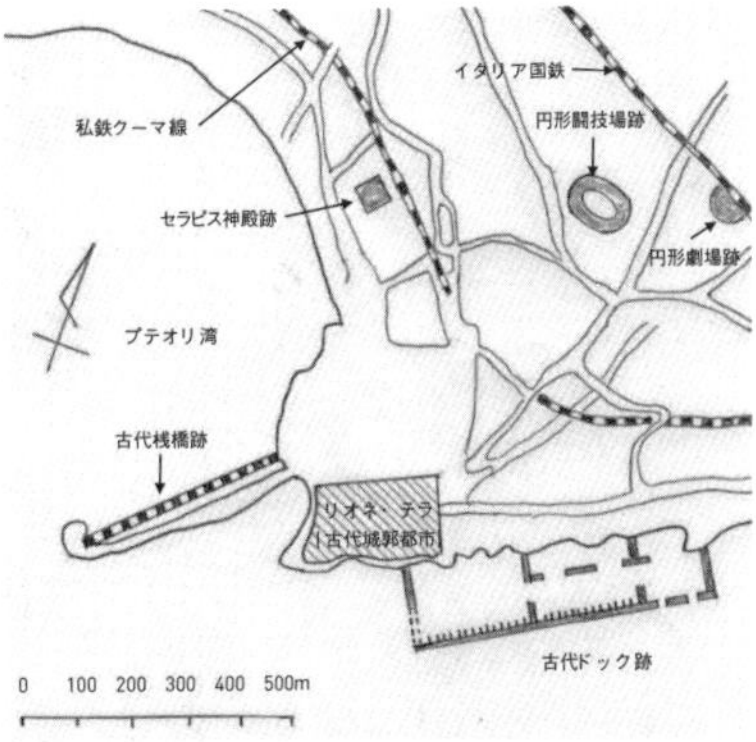

図55　プテオリ港復元図

写真41　ナポリ国立考古学博物館蔵のフレスコ画

かし雨天や曇天の場合は星を見ることができないので、浅瀬や岩礁に乗り上げる危険性があった。そのため、港の入り口や海峡部、島嶼《とうしょ》部に灯台が設けられた。また、アレクサンドリア港のように目標もない平地の場合は、道標として灯台が必要であった。船舶が夜間でも安全に航行できるように、地中海の諸国は古くから灯台をつくっていた。その代表例が、ロドス及びアレクサンドリアの灯台である。

ロドス島は、地中海東方や黒海の交易の中継点として繁栄を極めていた。そして紀元前三〇四年、ロドス島に来襲したデメトリオス軍を撃退した記念に巨像【図56】を建設したのだ。世界の七不思議に数えられた、高さ約五〇メートルにもなる太陽神ヘリオスの巨像である。ニューヨークの自由の女神の原型と言われており、手には松明を持ち、灯台としても使用された。巨像は紀元前二二六年の地震で倒壊してしまったが、人々は、巨像製作が神の怒りを買ったのだと思い、再建はしなかったのである。

アレクサンドリアはナイル川の河口近くにある。平坦な土地が広がっており、沿岸航行や入港の際に目印となるものがなかった。そのため、プトレマイオス一世(在位紀元前三〇五～紀元前二八二年)は、アレクサンドリア湾口のファロス島に灯台【図57】を建設した。紀元前三〇五年から工事を開始し、完成したのはプトレマイオス二世(在位紀元前二八八～紀元前二四六年)の時代であった。

灯台の全高は、約一三四メートル。ピラミッドを建設した国だけのことはある。ちなみに最大のギザのピラミッドは高さ一四六メートル。この程度の高さのものをつくるのは問題ではないのであろう。しかし、四角錐の形状のピラミッドに比べ、搭状のファロス灯台の方が建設ははるかに難しい。当時の人々が、世界の七不思議と評していたのも無理からぬことである。七不思議のうち二つが灯台。そのくらい難工事であっても、航行安全のために必要であったため、建設したのである。

　建材には大理石が用いられ、ブロック状に切り出したものを積み上げていった。形状の異なる三つのセクションで構成されており、下層部は四角柱、中層部は一回り細い八角柱、上層部はさらに細い円柱形だった。頂上には鏡が置かれ、日中はこれに陽光を反射させ、夜間は火を焚いて反射させていた。灯台の四つの角には、角笛を吹く海神トリトンの彫像が置かれていたという。しかし、七九六年の地震で大灯台は半壊し、その後の一三〇三年と一三二三年の地震で完全に崩壊してしまった。

　なぜ、このような世界の七不思議にもなる巨大灯台を建造したのか。それは、海上交易が非常に儲かり、その交易の障害を灯台の存在で最小限にするためである。『エリュトゥラー海案内記』にもあるように、アレクサンドリアは東方貿易の要衝の地であり、またエジプト産の穀物や木綿、

図56　ロドスの巨像（灯台）想像図

図57　ファロス灯台（想像図）

写真42　ドーバー海峡の灯台

アフリカ産の金や象牙等の重要交易港であった。港を機能させるため、プトレマイオス朝の財力を示すため、建設したのである。

　ロドス島の灯台兼用の巨像も地震で倒壊してしまった。地中海沿岸は地震地帯である。しかしこの時代に耐震設計があったわけではない。地震は神の怒りと思われていたのであろう。地震に耐え、ピラミッドのように残っていたら、世界有数の観光名所になっていたであろうに。

写真43　住吉大社の灯籠

　海峡部の灯台として、ドーバー海峡東部ドゥービリスに二世紀につくられた灯台【写真42】がある。八面柱状で、当初は高さ二四メートル。塔頂で昼夜火を燃やし、海峡を行き交う商船や軍船の道標の役をした。
　日本の灯台で最も古いのは、写真43の大阪市の住吉大社の灯籠で、鎌倉時代創建され、高さは約一六メートルあった。現在のものは、一九七一年に復元されたものである。大きい事はいいことではないが、古代地中海世界と比べると、がっかりするのも事実である。

夜間航行と水先案内人

　古代の地中海における航行は、基本的に沿岸航行であったが、アフリカ～イタリア等は、地中海を横断して航行した。その場合、夜間航行もあった。紀元前八世紀のギリシャの詩人ホメロスの作とされる長編叙事詩『オデュッセイア』には「天の列宿仰ぎ見て、ねむりまぶたにおとずれず、プレーイアデス（スバル）、彼にあり、遅く没するボーテス（牛飼座）も、オーケアノス（大海）の潮流にひとり沈まぬ大熊座」と、星が夜間航海の指針であることを記している。

また、沿海航行でも、シチリアとイタリア本土の間のメッシナ海峡は一〇ノットを超える潮流速があり、その入り口には岩礁地帯があり、船の難所として知られていた。

したがって、夜間航行や難所の航行には水先案内人が必要である。ジャン・ルージェは、リバニウス（紀元前三一四?～三九三年?、アンティオキアの生まれの修辞家のことか）の、「見よ、いとも親愛なる水先案内人。彼を船の王と呼んでも間違っているとは思われない。彼は、夜が来ると、眼をたえず星に注ぎ、舵のそばに腰をおろすではないか。……彼は、眠らないで、皆の者に安息をもたらす」という文言を引用して、水先案内人がいたと断定している。

地図と航海用機器

現代の航海にはＧＰＳがあり、船位が正確に測れる。ローマ時代の船位測定技術はどうであったのか。まず、地図と方向を決める磁気コンパスである。

航海をするのに地図がなければ盲目同然である。航路に合わせた地図は、古代からあったのであろう。初めての世界地図は、紀元前六世紀頃から作成され、アレクサンドリアにおいて、エラトステネス（紀元前二七五～紀元前一九四年）が経緯度に基づく地図をつくった。地中海はかなり正確で、東はインド・セイロン島、北は英国・スカンジナビア半島、南はリビア・アラビア半島を網羅している【図58】。この時代にアレクサンドリアの商人は、この地域まで交易をしていたのであろう。

エラトステネスは地球の周囲長を計算し、四万六二五〇キロメートルと算出した。これは、現在の四万キロに対して一〇パーセント程度の誤差であり、驚くべき精度である。エジプトのシエ

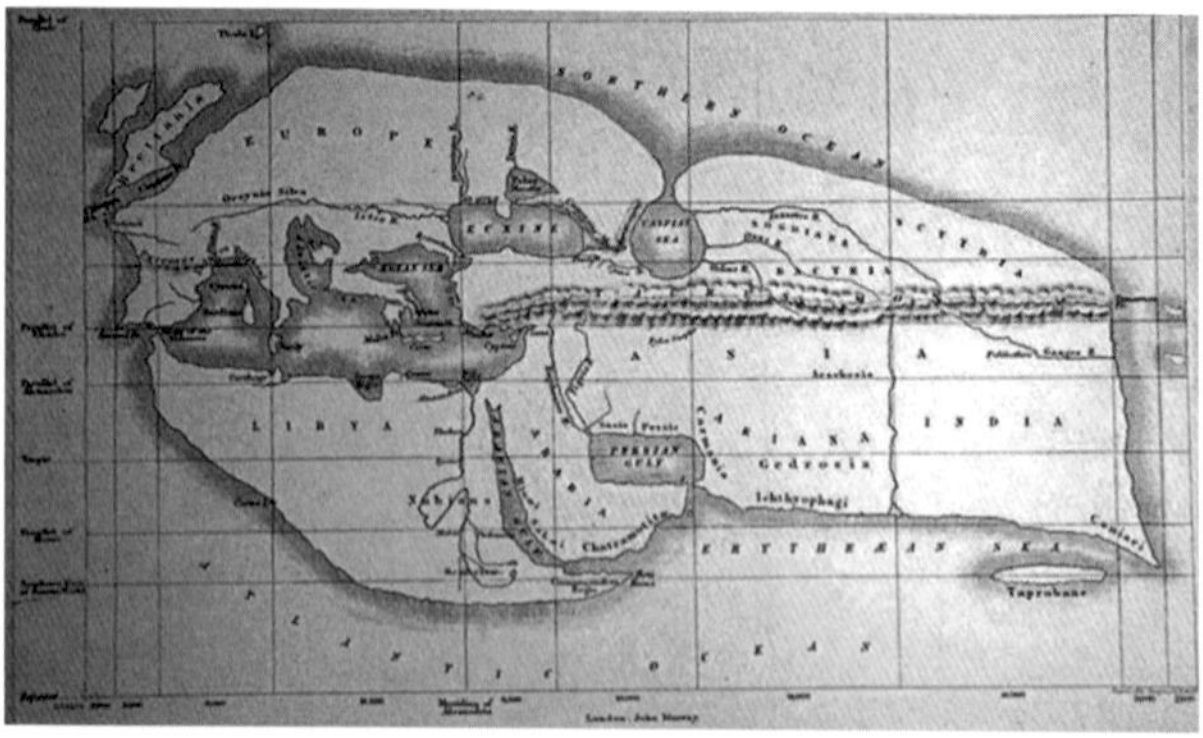

図58　エラトステネスの地図

ナ(アスワン)では夏至の時に太陽が真上に来るが、アレクサンドリアでは、七度一二分傾くことから、両都市間の距離(九二五キロメートル)を測り、算出したもので、算定式は以下の通りである。

$$\frac{360°}{7°12'} \times 925\text{k m} = 46,250\text{km}$$

方位を決める磁気コンパスの本家本元は中国である。家や宮殿を建てる時に、方角・方位を重視している国柄であるから当然であろう。一一世紀、中国の沈括の『夢渓筆談』に記述が現れるのが最初だとされる。したがって、ローマの時代には針路方向を示す道具はまだなかったようだ。太陽や星を頼りとするしかなかった。

ガイドブック

紀元前一世紀には、貿易風を利用して、インド方面との交易が海路で盛んに行われていた。一世紀から二世紀にローマが繁栄を迎えると、香料や乳香・絹・珊瑚等高価な品を求めて南海貿易がより盛んになった。その物的証拠として、アウグストゥス金貨が、多数インド東部やインドネシアで発見されている。

さらに『プリニウスの博物誌』第六巻一〇一に、「インドがわが帝国の富を吸い取ること五〇〇〇万セステルティウスに満たぬ年はないこと、その見返りに送られてくる商品が、われわれに原価の一〇〇倍で売られていることを考えるならば、これは重要な問題である」と記している。続いて第一二巻八四には「そして最小限に見積もっても、インド、セレス(中国)、アラビア半島はわが国から毎年一億セステルティウスを得ている。そしてそれが、われわれが贅沢と婦人のために費やす金額である。私は諸君に問おう。神々や、下界の諸力に割り当てられるのは、これらの輸入のうちどれだけの端片であるかと」と記し、金額が莫大なこと、贅沢品であること、交易で莫大な利益を得ている者がいることを嘆いている。

ちなみに、『古代ローマを知る辞典』にある一五〇年頃の帝国の歳出が一〇億セステルティウス弱であるから、その一〇パーセント強もの金額を東方交易に費やしている勘定となる。ともかく膨大な貿易量である。

一世紀後半になると、インド航路には年間一二〇隻どころではない交易船が行き来していたのであろう。航海案内書である、『エリュトゥラー海案内記』が著作され、その中には、贅沢品に二五パーセントもの高率関税を掛けていることも記されている。

エリュトゥラー海とは紅海のことを指すが、古代においては紅海、アラビア海、ベンガル湾、インド洋を含めた海のことを示していた。同書は、古代のインド洋近辺との南海貿易について貿易業者のために書いてある。そのため、航海の状況のみならず、各港での貿易品や各地の特産品などについても詳しく記している。

『エリュトゥラー海案内記』は、紅海北東岸部の港ミュオス・ホルモスから始まり、紅海を南下

図59　『エリュトゥラー海案内記』の航路図

してアラビア半島南端の港に寄り、インド洋を横断して、インド西岸の港バリガザルに寄港、更にインド大陸南端とセイロン島の間の海峡を航行し、ガンジス川河口の港までの案内をしているのである。図59に同書の節番号を記しているので、その番号に沿ってエリュトゥラー海を説明しよう。

まず第一節に、「エリュトゥラー海航海の指定された碇泊地や同海岸の商業地の中、最初の目的地はエジプトの港ミュオス・ホルモスである。さらに航海していくと、一八〇〇スタディオン（スタディオン＝約一八〇メートル）を距て右手にベルニーケ（ベレニケ）がある。以上両地の港はエジプトの果てにあり、エリュトゥラー海の湾である」と、ミュオス・ホルモス港とベルニーケ港の距離を示している。

アフリカ側だけでなく、アラビア半島側の港町についても記している。第一九節に「ベルニーケの左手に当たってミュオス・ホルモスから二、三日の航程だけ東に向かい、傍らの湾を横断すると、レウケー・コーメー（レウケ・コメ）と呼ばれる別の碇泊地と要塞があり……それでまた此処には輸入される船荷の四分の一税の徴収官と警戒のために、軍隊を率いた百人隊長とが派遣される」とある。四分の一税は、アウグストゥス帝が孫のカイウス・カエサルを派遣して討伐し、関税を掛けたものである。東方貿易の贅沢品に、高率関税を掛けているとのことである。著者はこの港を避けるように勧告しているのかもしれない。なにしろ『ローマ皇帝の使者中国に至る』によれば、「セイロンやシナ・ビルマに産するシナモンが三二七グラム六〇〇〇セステルティウス」とある。グラム当たり約七三〇〇円。金よりも高いのである。そのくらい贅沢品が交易されていたのである。

アラビア半島を南下して、南西端を回り込み、エウダイモーン、現在のアデンについて第二六節に記述がある。「いまだ印度からエジプトに来るものもなく、またエジプトから外洋の諸地方にあえて渡航するものもなく、各々此処迄来るに過ぎなかった頃に、丁度アレクサンドリアが外部からの輸入品やエジプトの輸出品を受け入れるように両方面からの商品を受け取っていたからである。しかし今では、我々の時代を去ること余り遠くない頃に、皇帝（アウグストゥス帝）がここを征服した」。これは、紀元前二六〜紀元前二四年までエジプト属州総督であったアエリウス・ガッルスによる遠征を示している。砂漠の地アラビア半島の西岸を、現在のイエメンまで遠征したのである。この不毛の地に遠征したことは、同地が中継貿易で巨万の富を得ていたこと、及び特産の乳香や没薬が莫大な富をもたらしたためであろう。しかし、ローマ軍は砂漠での水不足により撤退せざるを得なかった。

そこから、アラビア半島を東に回り、現在のイエメンの港について、第三〇節に「この湾に東に向いた非常に大きな岬がありスュアグロス（シアグロス）と呼ばれ、其処には此の地方の要塞と港と、集められた乳香（祭礼に使用され、聖書では、乳香は神を表し、貴重な香料。アラビア南部・東アフリカのソマリアに産する）の貯蔵所がある。……水が豊かでその中には河があり鰐や多数の毒蛇と極めて大きい蜥蜴がいる」と、特産品と水、そして害物を紹介している。

次にインド洋を横断して、インド東岸のムンバイ北方のバリュガザ（バリガザ）について、第四三節には「ところでバリュガザのところの湾は狭いので、大海から来た者にとり近づき難い。というのは右側なり左側なりに片寄ることになるからではあるが、左側のほうが別の側に較べれば楽に進める。すなわち右側には……険しい岩だらけの出鼻が横たわり、一方、左手にはこれに向かい合って……の岬があり、パピケーと呼ばれ、その辺の海流のために、また険しい岩からなる海底が錨を切り去る為に、碇泊困難である」と、船の碇泊についての注意点を記している。

そしてインド大陸に沿って南下し、第五三節には「次にリミュリケー第一の商業地たるナウーラとテュンディスとがあり、これらの後に現在繁栄して居るムージリス（ムリジス）とネルキュンダとがある」と記している。図60のポイティンガー地図は、ムージリスにはアウグストゥス神殿があり、古代ローマ人が多数同地に居住していたことを示しているのである。

さらに南下し、セイロン島との海峡を通り、今度は北上して、インド北東岸のガンジス川に至る。第六三節には「東に向かって船を進め大洋を右手にとり、左手にはインドの残余の部分に沿って外洋を航行すると、ガンゲース及びその付近の東の果ての陸地たるクリューセ（マレー半島）に着く。その辺にはやはりガンゲース（ガンジス川）と呼ばれる河があり、インドにおける最大の河で、ネイロス河（ナイル川）と同じように増水と減水がある。……商業地ガンゲース（カルカッタ）があり……真珠とガンゲース織と呼ばれる最優秀綿布とが運ばれる。また此の辺には金坑がありカルティスという金貨があると言われている」と、ガンジスとその周辺の産品について記している。ガンゲースについては同様に、ポイディンガー図に示されている。

このように、航路や港、其処での特産品などについて案内記にふさわしい内容を記述している。これだけの記録が残っているということ及び、ポイディンガー地図にも記載されているということは、東方貿易が盛んであった証拠でもある。

この航海で、季節風をどのように利用したのだろうか。インド洋では四月から一〇月半ばにかけて南西の季節風、一一月から三月にかけて北東風がある。『エリュトゥラー海案内記』序説には、「紅海のベレニケを盛夏のころに出帆して三〇日にして、アラビア南岸のオケーリス或いはカネーに着き、それからヒッパロスの風を利用して四〇日間で大洋を横切り、インド西南岸のムージリスに至るとある。帰航については一月のうちに出帆し、インド洋を横断し、紅海では南風に乗りエジプトに帰るのが常であった」とのことである。つまり年一回の航海である。

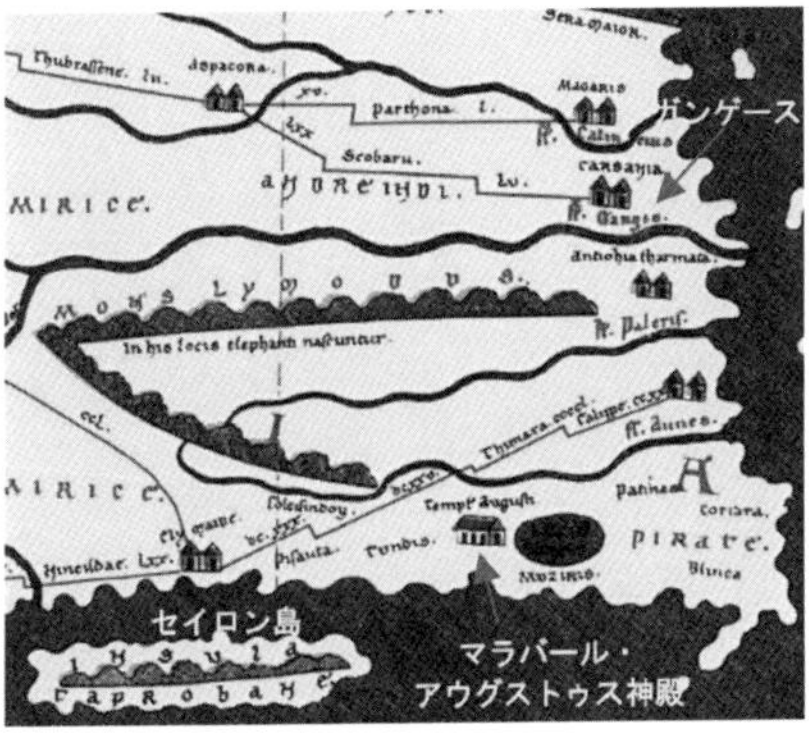

図60　ポイティンガー地図が示すインド

アレクサンドリアから紅海西岸のベレニケへは、ナイル川をコプトスまで南下し、そこから砂漠を越えて向かう。この日程については、大プリニウスがアレクサンドリア〜コプトスの船便が一二日。コプトスからベレニケが一二日間。砂漠の街道に旅宿があり、「熱暑のため旅行の大部分は、夜間に行われ……昼は駅で過ごすのであった」と『プリニウスの博物誌』第六巻二六に記している。東方貿易船の出航は夏至の頃が適期のため、このような避暑夜間行進をしたのであろう。なお、東方貿易の出発点が主にベレニケであり、現在のスエズ及びスエズ地峡を利用しなかった理由は、紅海の北半分では常時北風が吹き、東方からの帰航に困難があったためである。

大プリニウスの時代より約五〇年後、ハドリアヌス帝はナイル川からベレニケへの通称「ハドリアヌス街道」を建設している。この時代にはさらに、東方貿易が盛んになっていたのであろう。

第八章
海賊征伐が帝政ローマをつくった

グラックス兄弟が改革を考えたのは、ポエニ戦争後の領土拡大により、海外から安い食糧が大量に輸入され、このためにローマの農民(市民)が貧窮したことによる。

首都ローマの生活の海外依存の度合いが高まると、食糧等の船舶輸送を妨害する海賊が跳梁する。その中にはローマに滅ぼされた国の兵士もいたし、またローマに敵対する国々の中には、海賊を支援する国もあった。海賊は地中海の広い範囲で活動していたので、その退治には有能な司令官が、長期間広範な力を保持することが必要となった。毎年交代する二人の執政官制では機能しなくなったのだ。いかにローマ人が海賊退治に知恵を絞ったのか。

地中海の北東部に位置するロドス島は、西はギリシャ本土、北は黒海、東はキプロス、シリア、南はエジプトに繋がる海上交易路の要衝にあり、紀元前三世紀から紀元前二世紀にかけて、交易で繁栄を誇っていた。海上交易国にとって、海賊は百害あって一利なしである。ロドスは盛んに海賊征伐をしたのだ。

繁栄を誇ったロドスであったが、紀元前二世紀中頃、ローマにより勢力を奪われてしまった。ロドスの海軍力が弱まると、海賊が跋扈しはじめ、地中海におけるローマの軍事輸送や海上交易、中でも食糧輸送がたびたび妨げられた。

海賊の出没する場所とは、どのようなところであろうか。

航行船舶が多く、獲物を監視できる岬や島があり、獲物を海峡や浅瀬に追い込める所である。地中海では、ロドス島周辺やエーゲ海、シチリア島とイタリア本土の間のメッシナ海峡、サルジニア島とコルシカ島の間のボニファシオ海峡等は絶好の場所である。特に海峡は、潮流の方向が一日に四回変わる。船の針路に対して、逆方向の急潮流の場合、船舶は潮待ちを余儀なくされる。海峡の入り口から数隻の高速武装船で追い立てれば、簡単に袋の鼠である。

ポンペイウスの海賊退治

紀元前六七年に、ローマの食糧供給の功労者であるポンペイウス【写真44】が、海賊退治に登場する。それ以前の紀元前一〇二～紀元前一〇〇年と紀元前七三～紀元前七一年に、共和政ローマはマルクス・アントニウスにプロコンスル（代理執政官）の権限を与えて海賊退治に乗り出したが失敗した。すなわちポンペイウスの登場は、共和政ローマが本気を出した証拠である。そのくらい人気の高い、本命ポンペイウスであったのだ。海賊退治以前のポンペイウスの経歴を紹介する。

グエナウス・ポンペイウス（大ポンペイウス：紀元前一〇六～紀元前四八年）は、共和政ローマにおいて初めて、王に匹敵する力を獲得した人物であった。それもローマの食糧調達のための大権であった。

若年の時は、整った顔立ち、金髪、澄んだ瞳など、端正な容姿の持ち主であった。ヨーロッパ、アフリカ、アジアの三大陸で抜群の軍功を挙げ、共和政ローマの領土拡大に大きな寄与をした。その結果、三度の凱旋式の挙行、さらに莫大な戦利品を首都ローマおよび市民へ寄贈したのである。その容姿と功績から、ローマ市民からの人気が非常に高く、「アレクサンドロス大王の再来」と称えられ、名前に「大」を意味するマーニュスを加えられるようになった。このため、必然的に、ローマの危機となった食糧輸送の妨げになる海賊の討伐や、その後の飢饉の際、食糧調達の大権を民会から託されたのだ。

ポンペイウスは、同名の父が執政官を務めていたため、政治的なエリートコースを歩んだ。一八歳の時、同盟市戦争で初陣を飾った。紀元前八二年にシチリア、翌年にはヌミディアを制圧。その功績により、紀元前八一年、二五歳でローマにおける凱旋式を挙行した。この年齢での凱旋式の挙行は、第二次ポエニ戦争の英雄、大スキピオの三四歳を大幅に上回る最年少記録であった。いかに俊英とみなされたかがわかる。

紀元前七七年、ガリア・キサルピナ属州総督として赴任する予定のマルクス・レピドゥスが、中部イタリアで反スッラを掲げて挙兵した。ポンペイウスはレピドゥスを撃破。その残党が、ヒスパニアで反乱を起こしていた民衆派のクィントゥス・セルトリウス軍に合流した。この反乱へは、既にメテッルス・ピウスが当たっていた。しかし、ポンペイウスは強引にピウスに代わり、セルトリウス討伐軍の絶対指揮権を元老院に要求。元老院はこれを渋々決議した。そして、紀元前七二年にセルトリウスは部下により殺害され、この年の内に反乱は鎮圧された。

写真44　ポンペイウス彫像

そしてさらに、スパルタクスの反乱軍の残党がガリアなどへ逃亡を図ったのを粉砕。これらの武勲によって、ポンペイウスはローマ市民から絶大な支持を獲得した。彼は紀元前七一年、三五歳の時に、通常四〇歳以上でしか立候補資格がない執政官への立候補、及び凱旋式挙行等を認めるよう元老院に要求。元老院は難色を示したが、クラッススとポンペイウスの間で協定が結ばれ、紀元前七〇年、ポンペイウスは選挙で圧倒的な支持を受けて、クラッススと共に執政官に選出された。

その後、執政官を退任した紀元前六九〜紀元前六八年、プロコンスルとして属州総督の肩書きを持ちながらローマで過ごしていた。この時、海賊退治が始まる。この頃の地中海における海賊の活動を紹介しよう。

紀元前七五年に食糧危機が起こり、ローマ市民は暴動を起こして執政官を追い回し、元老院議員にも脅迫的態度を見せている。この元凶は、ポントス王ミトリダテス六世（紀元前一二〇〜紀元前六三年）による海賊支援と判断した元老院は、まず、第三次ミトリダテス戦争のために、司令官ルクッルスに複数の属州にまたがる異例の大権を与えた。

『プルタルコス英雄伝』ポンペイウス編は、海賊跋扈の様子を活き活きと記述している。若干長いが興味深いので紹介する。「おおよそ海賊の勢力は、はじめキリキア（トルコ南部地中海側【図61】）から進出し、その当初は身を危険にさらしながらも人目を避けて行動していたが、ミトリダテス戦争の頃には、軒昂たる意気と勇猛果敢さを発揮し、ミトリダス王のため尽して労を惜しまなかった。次いでローマが内乱のためローマ市門前で互いに闘い合うに到ると、地中海は警察力を失ったため、次第に海賊どもを誘い寄せたが、彼らはもはや、航海者を襲うばかりでなく、島々や沿海の都市までも劫掠するようになった。いまや、財貨を擁して勢力をふるい、門地によって人の尊敬をうけ、知性において他に卓出する者たちは、海賊の群れに投じてその活動の一翼を担い、これによって称賛を勝ち得、名誉欲も満たそうとした。また海賊船の碇泊地は到る所に設けられ、壁で守られた狼煙台も随所におかれていた。そこに姿を現す海賊船団は、優秀なる乗組員、優れた腕を誇る操縦者、迅速軽快な船舶をもって日ごろの営みに備えたばかりでなく、黄金の帆柱や、緋色の幕、銀を張った櫂などすら有し、そのさまたるや、悪行に耽る自我を誇るかのごとくであり、恐ろしさよりもむしろ憎々しさ、厚顔さをもって人を不快ならしめた。また彼らは、海岸という海岸で宴を張り、糸竹に興じ、あるいはローマの武将を拉致し、あるいは占拠した都市から身代金を取るなど、ローマの支配者を侮辱する振舞を数かさねた。かくして海賊船の数は千を超え、彼らに占領された都市は四百を算するに到った。それまで神聖にして不可侵のものとされていた諸神殿も、彼らに襲われて破壊された。……彼らのローマ人に対する最大のあなどりは、ローマ人の築いた道路に上陸し、これをさかのぼりつつ掠奪をほしいままにし、かつ道路に近い別荘を破壊したことである。またある時は、緋の縁取りのあるトーガをまとった二人の法務官、セクスティリウスとペリエヌスを連行し、これとともにその手下の者、先駆警史をも伴い去った。……こうして我らの海・地中海は、すべての海賊勢力の蚕食するところとなり、商船もここを航海することが全くできない有様であった」。ここで登場する法務官とは、執政官の次の官位である。それが海賊に連行されるということは、共和政ローマに対して最大級の侮辱行為である。

この時代、同盟市戦争（紀元前九一～紀元前八八年）や、三次にわたるミトリダテス戦争（紀元前八八～紀元前六三年）等、戦乱が続き、敗残兵は、食うために海賊や山賊に姿を変えていった。食うためとはいっても、なかなか商人や農民にはなれないものだ。彼らは武力があったから、山賊や海賊が一番手っ取り早い。それとともに、当時、海賊は極悪非道な職業とはみられていなかったのだ。

図61　ポントス王国・キリキア位置とローマ海軍基地図

たとえば、アリストテレス（紀元前三八四〜紀元前三二二年）の『政治学』第八章「自然の摂理に則った財産獲得術」の中に、海賊について「交換と商売以外の手段で食料を獲得する生き方、つまり自然の摂理に則った仕事による生き方をしている人たちを挙げると、遊牧民、海賊、漁師、狩人、農民というところでしょう。また、遊牧生活と海賊業、農業と狩猟というふうに、これらの仕事を兼業して、不足のない暮らしをしている人たちもいます。一つの仕事だけでは不足が生ずる場合に、別の仕事でその不足分の穴埋めをするのです。必要に迫られて彼らはこのような暮らし方をしているのです」と記述されている。アリストテレスは海賊業を農民や漁民と同列に扱っている。古代ギリシャや古代ローマの時代の人々は、海賊になることに、罪悪感はなかったのかもしれない。

海賊になった敗残兵は、国家再興の願いがあったかどうかはわからないが、憎きローマが対象になったのは間違いない。さらにローマの対戦国、例えばポントス王国は彼等を支援した。彼ら海賊がローマへの食糧をはじめとした産品を強奪したのだ。ローマが困れば、敵国は喜ぶ。戦乱はグラックス兄弟に改革を決意させた中小農民の没落だけでなく、海賊跳梁によるローマの食糧危機をもたらした。そして、ローマの外港オスティアが紀元前六七年に海賊の襲撃を受けたのだ。そうなると、ローマの為政者は黙ってはいられない。伝家の宝刀、ポンペイウスの起用となったのである。

紀元前六七年、地中海一帯を荒らしていた海賊征伐のため、護民官アウルス・ガビニウスは、ガビニア法と称する法案を民会に提出した。

『プルタルコス英雄伝』ポンペイウス編によれば、「それゆえ、穀物輸入の困難に悩まされ、大きな食糧不足をおそれたローマ人は、ここにポンペイウスに注意を向け、これを派遣して、海面から海賊を一掃させることにした。そこでポンペイウスの腹心の一人、ガビニウスという者が民会決議案を作成したが、その決議案はポンペイウスを艦隊司令官に任ずるばかりでなく、彼を一躍独裁者に仕立て上げる内容のもので、彼が万人に権力を振い、しかもその責任を問われることがない、というものであった。すなわちこの決議案は、ヘラクレスの門（ジブラルタル海峡）以東の地中海全域の海岸線から四〇〇スタディオン（約七二キロメートル）以内の陸地に対する命令権を彼に賦与するもので、ローマ人の世界を大部分包含し、さらに地中海世界の最大の諸民族、最強の諸王侯をもその権能下においた。これに加えて、ポンペイウスは、一五名の副官を元老院議員の中から選んで、これに指揮を分担させることを許され、国庫の支出と徴税者の融資とによって欲するだけの予算を使用する権利を認められ、また二〇〇隻に上る軍艦を与えられて、その兵士と漕手の数と徴集方法も、これを彼の裁量に委ねることとされた。……その装備はほぼ倍化した。すなわち艦艇五〇〇隻が兵員で充たされ、重装歩兵一二万、騎兵五万一〇〇〇が集められ、元老院議員のうちから二四名に及ぶ将星が彼の手で選抜され、財務官が二名おかれ彼を助けることになったのである。しかるにそのとき忽然として物価が下がったので、民衆は喜びに溢れ、ポンペイウスの名を聞いただけで戦いがやんだ、と口々に言い交わした」と、まさに国王、皇帝並みの権限付与である。

三年間期限での大権授与に、元老院議員の多くは反対に回ったが、キケロやカエサルら一部の元老院議員が賛成し、さらに票を持つローマ市民の絶大なる賛成で可決されたのだ。ローマ市民にとって、無敵の英雄ポンペイウスは、「神様・仏様・ポンペイウス様」であったのだろう。その結果、騰貴していた穀物の価格が下落したとのことである。いつの時代でも、混乱に乗じ物価を高騰させ、混乱が収まりそうになると、手じまいをする輩がいるものである。

ポンペイウスの海賊討伐の戦略は、まず地中海全域を一三の海域に区分して各個撃破する作戦であった。それぞれの海域に軍団長及びローマ軍団を配備し、自らは六〇隻の軍船を率いる遊撃部隊の指揮を執って、支援を必要とする作戦海域へ駆けつけるというものであった。まずはヒスパニア、ヌミディアやサルジニアなどの地中海西部海域の海賊を、わずか四〇日程度で討伐。続いて、西部海域で征討した海賊を追って地中海東部海域へ侵攻。エジプト・エーゲ海等を制圧して、海賊の最大の根拠地であったキリキア沿岸を陥落させた。その期間は、わずか四九日間であった。その結果、捕獲した船舶四〇〇隻、撃沈した船舶一三〇〇隻、一万人以上の海賊を殺害し、降伏した海賊は二万人以上に達したという。ポンペイウスは、これら降伏者に職を与えなければ、海賊に戻ってしまうとの配慮から、沿岸から離れた地区へ植民させた。その中の一つであるキリキアのソリは、ポンペイオポリスと呼ばれることとなった。陸だけでなく、海に於いてもポンペイウスは軍事能力の高さを示した。ともかく、軍事の天才ポンペイウスの独壇場であった。

ポンペイウスは、海賊征討完了後も大権を手放さなかった。一度掌中にした独裁権を手放したくないのは人の常である。このため、翌紀元前六六年、護民官ガイウス・マニリウスは、ポントス王ミトリダテス六世征討軍（第三次ミトリダテス戦争：紀元前七四～紀元前六三年）の指揮権限を、ルキウス・

ルクッルスからポンペイウスへ交代させると共に、これに基づく絶対指揮権(インペリウム)を与えることを民会に提案。いわゆるマニリア法である。第三次ミトリダテス戦争は元々、ヒスパニアでのクィントゥス・セルトリウスの反乱に呼応したものであった。

ミトリダテス六世は、三次にわたるローマとの戦争(第一次:紀元前八八〜紀元前八五年。第二次:紀元前八三〜紀元前八一年)を指揮し、憎きローマを苦しめるために、海賊の援助も行っていた。ローマ市民にとっては逆に、憎きミトリダテス六世である。ガビニア法と同様に、元老院議員の大半は反対したものの、民会で可決された。ポンペイウスは自己の栄達のために、他の指揮官の権限を奪うことを頻繁に行った。しかし連戦戦勝していたため、ローマ市民には評判が良かったが、その強引さのために元老院等では評判が悪かったのである。いつの世でも嫉妬というものはあるものだ。

紀元前六六年、東方へ向かったポンペイウスはルクッルスと交代した。この交代については一悶着あった。ルクッルスは、第四章で紹介した食道楽である。既にミトリダテスの勢力はルクッルスによって相当に抑え込まれており、ミトリダテスはアルメニア王国へと後退したうえで、ポンペイウス軍と会戦に及んだ。ポンペイウスはミトリダテス軍を撃破し、その後、ミトリダテスは各地を逃亡し、紀元前六三年に自死した。ポンペイウスは南下して、フェニキア、シリア、ユダヤと戦勝し、エルサレムに入城した。

ポンペイウスの遠征によって、ローマの領土は、黒海沿岸からコーカサス、シリア・パレスティナまで広がった。その結果、ポンペイウスがローマへ納めた財宝等は金二万タレント(二一三四億円相当:一タレント=六六七〇デナリウス)であり、国庫に収める税収は、例年の五〇〇〇万デナリウス

（八〇〇億円相当：一デナリウス＝四セステルティウス≒一六〇〇円）から八五〇〇万デナリウスへ増大した。さらに兵士には最低一五〇〇デナリウス（二四〇万円相当）の賞与が与えられた、とプルタルコスは記している。

ポンペイウスは、四五歳の誕生日でもあった紀元前六一年九月二九日に、三度目の凱旋式をローマで挙行した。海賊征討戦や小アジア・オリエントでの勝利を祝った凱旋式は、ローマ建国史上で空前のものであった。凱旋式の後、壮大な宴会をローマ市民へ提供したことで、ポンペイウスの人気はローマ随一となった。

紀元前六〇年、ポンペイウスは、長年にわたる宿敵・クラッスス及びプロプラトエル（前法務官）としてヒスパニアの属州総督であったユリウス・カエサルと非公式に手を結ぶことを決定し、翌紀元前五九年にカエサルを執政官とすること及び、ポンペイウスが率いていた兵士へ土地を供与すること等を密約した三頭政治が始まった。そして同年、カエサルの娘ユリアを新しい妻に迎えた。二〇歳以上も年齢差があったものの、ポンペイウスとユリアの夫婦仲は極めて良好であった。ポンペイウスは紀元前五八年からヒスパニアの属州総督へ就任することも決定していたが、現地へ赴任することなくローマに滞在することが認められていた。そんな中、ローマ在住のポンペイウスの次の活躍が始まった。

ポンペイウスへの穀物供給指揮権

クロディウス法発効の翌年の紀元前五七年、穀物不足と価格高騰にローマ住民は騒乱を起こし、元老院に押し掛けた。キケロは「その二日間に穀物価格が劇的な高値となり、人々が最初は劇場に、次に元老院に押しかけた。穀物欠乏は私（キケロ）のせいだというクロディウスの扇動によって、大声で叫びながら」と、記述している。クロディウスの無料配給に対して、段取りが追い付かなかったのだろう。さらにこれに乗じた売り惜しみが起こったのである。

この状況打開のため執政官提案により、紀元前六七年に海賊退治をしたポンペイウスへ穀物供給指揮（クーラ・アノーナエ）権が与えられた。キケロによれば「ポンペイウスは穀物供給のために、五年間にわたって、地上の全世界に及ぶ全権を与えられる」と記されている。ローマの政界が穀物供給に躍起となっている様がわかる。政務官職ではなく、ポンペイウスという一個人に、絶大なる権力が再び与えられたのである。これが共和政から帝政への引き金ともなる。毎年変わる二人制の執政官では、継続的、安定的な食糧供給が困難なことを認めたのだ。ガビニア法で三年間、クーラ・アノーナエで五年間、ポンペイウスへの大権の委譲である。まさに共和政放棄なのだ。

その様子を『プルタルコス英雄伝』ポンペイウス編に以下のように記述している。「ローマ治下の全海陸にわたる命令権を再びポンペイウスに与えるように手を打った。これによって港湾、取引所、穀物の分配など、おおよそ海運と農業のすべてがポンペイウスの手中に握られるに至った。……ローマ市住民への穀物補給を統括する地位に立ったポンペイウスは、いたるところに武将・腹心を派遣し、またみずからはシチリア、サルジニア、アフリカを経めぐって穀物を集めた。乗船にあたって、海上に大風がすさみ、水夫らが逡巡の色を見せた時には、彼は衆人に先んじて船に乗り込み、水夫らに『船をやることが必要なのだ。いのちなど必要ではない』と一喝した。かくも盛んな意気に幸運を兼ね具えたポンペイウスは、取引所という取引所を穀物で満たし、海という海を船で満たすほどの成果を収め、やがて豊かに集められた穀物はローマ市以外の住民にも恩恵を与え、そのさまは滾滾《こんこん》と溢れ出る泉が惜しみなく万人をうるおすのに似ていた」。

ともかく、二度の食糧飢饉をポンペイウスは解決してしまったのだ。ローマ市民にとって、まさに英雄である。穀物の安定供給の強い要求が、ローマ市民に英雄待望の空気を植え付けてしまったのだ。この結果、帝政へのレールが敷かれていき、表題の「海賊征伐が帝政ローマをつくった」を、実現してしまったのだ。

セクストゥス・ポンペイウスのローマ海上封鎖

紀元前四八年のグナエウス・ポンペイウスの死後、息子のセクストゥス・ポンペイウス（紀元前六七年頃〜紀元前三六年）は、反カエサルを貫き、イベリア半島でカエサル軍に抵抗した。紀元前四四年のカエサル暗殺後、セクストゥスは元老院と和解し、艦隊司令に任命された。しかし突然解任されたセクストゥスは艦隊を引き連れ、シチリアを占領した。

紀元前四三年一一月からの第二回三頭政治（オクタウィアヌス、アントニウス、レピドゥス）にも反対して、シチリア島を本拠に、海賊行為でイタリア半島を海上封鎖した。すなわち首都ローマへの兵糧攻めである。これによって、共和政ローマとセクストゥスは紀元前三八年より戦争状態となった。いわゆるシチリア戦争である。これに対してオクタウィアヌスは軍を差し向けたが大敗した。その後やっと、紀元前三六年九月ナウロクス沖の戦いで、アグリッパの活躍によりセクストゥス軍を撃破し、海上封鎖を解除したのだ。そして、セクストゥスは属州アシアに逃れたが、降伏し、処刑された。セクストゥス・ポンペイウスは、少なくとも七年間ローマの食糧調達を妨害したのだ。

ここでオクタウィアヌス、アントニウスとセクストゥス・ポンペイウスに関する面白い話が『プルタルコス英雄伝』アントニウス編に書かれているので紹介しよう。ミセヌム岬と防波堤で、オクタウィアヌス・アントニウス・セクストゥスら三人の交渉が成立し、セクストゥスはシチリア・サルジニアの領有が認められ、ローマに一定量の穀物を提供するという協定が結ばれた。この交渉成立後、互いに饗応することとなり、まずセクストゥスが、二人を六段櫂のある旗艦に招待し、食事をふるまった。この時の話題は、クレオパトラと結婚したアントニウスのことであった。食事中に海賊船長メナスがセクストゥスにこう囁いた。「船の錨を切って、あなたをシチリアとサルジニアだけでなく、ローマの支配者にしましょうか」。セクストゥスはしばらく考え込んだが、こう答えた。「メナスよ、それをやるんだったら、私に前もって言わないでおくべきだったね。今のところはこのままでいいことにしよう。誓いを破るのは私のやり方ではないのだから」。

セクストゥスは名誉を重んじるサムライであったのだ。しかし、もし船長の言葉を実行していたら、ローマ世界はどうなっていたのだろうかと考えるのは楽しいことである。まずセクストゥスが一時天下を取るであろう。しかし、軍略に優れたアグリッパには敵わなかったであろう。アグリッパは軍事、建設技術、行政、人間性には優れていたが、オクタウィアヌスの様な冷徹さ、深謀はあったのだろうか。だとすると、内乱の終結はどのような形となったのだろうか。そして、アウグストゥス帝なきローマ帝国は。

事実は、紀元前三六年の死をもって、セクストゥス・ポンペイウスの夢は破れ、約五〇〇年間の帝政ローマと「パンとサーカス」の時代が始まったのだ。

常設艦隊の設置

アントニウス・クレオパトラ連合軍とオクタウィアヌス（アウグストゥス）軍とのアクティウムの海戦（紀元前三一年）後、ローマの常設艦隊が初めて組織された【図61】。ともかく海賊にしろ、外国艦隊にしろ、ローマへの妨害を排除しようというものである。地中海に五ヶ所（ミセノ、ラベンナ、アレクサンドリア、シリアのアンティオキア、ガリア東南部のフォルム・ユリ）とライン川・ドナウ川に各一ヶ所である。しかし、地中海の覇権が確立された後なので、その役割は限定的なものであった。

第三部

道とローマの繁栄

一八世紀の英国の歴史家で、『ローマ帝国衰亡史』を著したギボンは、「世界史上人類がもっとも幸福な時代で繁栄した時期はいつかと、問われたならば、人は躊躇なくドミティアヌス帝の死(九六年)からコンモドゥス帝の登位(一八〇年)までの時期を挙げるであろう」と記している。すなわち五賢帝の時代である。

また、同じ時代のローマの詩人ユウェナリス(紀元六〇～紀元一三〇年)は、『風刺詩集』に「我々民衆は、投票権を失って票の売買が出来なくなって以来、国政に対する関心を失って久しい。かつては政治と軍事のすべてにおいて権威の源泉だった民衆は、今では一心不乱に、専ら二つのものだけを熱心に求めるようになっている。すなわちパンとサーカスを」と記述した。権力者から無償で与えられる「食糧《パン》と娯楽《サーカス》」によって、ローマ市民が政治に無関心となり、堕落してしまった。それにより、強大なローマ帝国は衰退していくであろうと暗示したのだ。しかし、衰退どころか、その後約三五〇年、トータルで約五〇〇年間も大帝国は存続したのである。

繁栄には身の安全、すなわち外敵の心配がなく、水や食糧が確実に手に入れられ、また癒しや娯楽が楽しめることが不可欠である。しかし、これらを確実にするには、国家は多大な負担をしなければならない。二世紀中頃から三世紀初頭、国家ローマの歳出の七～八割が軍事費用であり、これは自分たちの身を守るためである。

この時代の歳入の多くは属州税であり、属州民に掛けられた、収穫の一〇分の一税である。江戸時代の五公五民や四公六民と言われた年貢に比べて、はるかに低い税率である。この点からだけの比較では、ローマの農民は幸福であったと言える。国防のため軍団数を増やし、軍事費を増大させれば、このような低い税率は不可能であった。

それを可能にしたのは、軍隊の高速移動を可能にしたローマ街道と駅伝／郵便制度による情報網の整備である。また「パンとサーカス」の世界を可能としたのは、水の道で運ばれた、小麦やワイン・オリーブ油等の食糧、衣類のための羊毛や木綿等、水道管に使われた鉛をはじめとした金属鉱物。これらの運搬はすべて民間船で行われたのである。陸の国(軍)、水の民間と、面白い対比となっている。

これらによって、ローマ帝国は五〇〇年も繁栄を維持できたのである。繁栄のためには当然、技術力は必要であったが、古代ローマの出発点は、初代王ロムルスの「サビーニ女の略奪」で語られる敗者同化政策と、紀元前四五〇年の十二表法制定、さらに紀元前三一二年のアッピア街道・アッピア水道の建設ではないだろうか。建国当初、拡大政策を目指すローマとしては、戦争で征服した敗戦民族も取り入れ、同胞とする敗者同化政策。そしてまだ小国であった共和政ローマは、大国を目指して、多くの民族と協調できる法律、すなわち誰でもわかる明快な基準をつくった。それが十二表法である。そして街道、水道も高い品質基準でスタートさせている。当然、品質に耐えられる高い建設技術力があったからである。

技術とは、高い要求基準でも、考える意志と財力があれば、かなりのことが実現できるのである。ローマ街道の構造は、現代日本の高速道路並み。ローマ水道を例にとれば、遠くても泉からの水を、混ぜることも日に曝すこともなく、「七つの丘」と言われる起伏に富んだローマ市内の全域に給水したのである。そのために、たとえばローマ水道三番目のマルキア水道(紀元前一四四〜紀元前一四〇年)は、九一キロメートルもの延長、トンネルが八〇キロメートル、水道橋が一〇キロメートルと高い技術力が必要であった。それにもかかわらず、四年間で建設してしまったのである。

さらに、一四の区画に分けられたローマ市内の各区画に三〜六本の幹線水道が設置され、断水の恐れを少なくした。二〇〇〇年も昔のことである。江戸上水には、最も高い地点に配水したり、補完水路を配備したりの考え方はなかった。

繰り返すが、高い要求基準(目標)が必要なのである。ローマ街道が、江戸街道のように石で舗装をしなかったり、ローマ水道が江戸上水のように開渠であったり、高所に配水しなかったり、補完水路を配備しなかったら、作業は大変楽であったろう。古代ローマに火薬・電気・蒸気機関があったわけではない。人力と自然の力だけしかなかったのだ。しかし彼らは、困難があってもあえて高い品質を求めたのである。

前記の施策は、まだ小国であった共和政ローマが、将来を見据えて実行したのである。このような先見性とともに、安易に流されず、それを実行した国の意志の力は凄いものである。

失われた一〇年、あるいは二〇年と言われる日本。少子高齢化や財政赤字は、二〇年も前から予測できていた。しかし、その対策が苦しさを伴うために、先延ばしを続けてきた。小国でも未来を見据えたローマと、大国ながら未来を見たがらない日本。

付録　ローマの道に係る年表

古代ローマ関係の歴史		ローマ街道・海道関係		世界の歴史他
BC753	ローマ建国・王政ローマ	490頃	ラティーナ街道建設	BC27世紀〜BC22世紀 エジプト古王朝（ピラミッド建設） BC20世紀〜BC16世紀 エーゲ海文明（クレタ島舗装道路） BC605年〜BC562年 新バビロニア王国 ネブカドネザル2世 「行列道路」建設 BC522年〜BC486年 ペルシャ、ダレイオス1世、「王の道」建設 BC334年〜BC323年 アレクサンドロス大王東征 〜BC210年 秦の始皇帝（在位246年〜210年）「馳道」建設 3世紀中頃 邪馬台国卑弥呼
509	共和政ローマ			
450	12表法発布			
343〜290	1次〜3次サムニウム戦争	312	アッピア街道・ アッピア水道完成	
		4世紀末	ロドス島巨像（灯台）建設	
264〜146	1次〜3次ポエニ戦争	305〜 3世紀前半	ファロス灯台建設	
		3世紀末	エラトステネスの世界地図	
		218	クラウディウス法（元老院議員の大型船舶輸送業禁止）制定	
135−132	シチリアでの 第1次奴隷戦争	133	ティベリウス・グラックス 土地改革法	
		123	ガイウス・グラックス穀物法	
107	マリウス軍制改革	81−75	スッラにより穀物法停止 コッタにより再開	
		67	ガビニア法 （ポンペイウス海賊退治）	
58〜51	カエサルのガリア遠征	58	クロディウス法（小麦無料配給）	
		57	ポンペイウス穀物供給指揮権	
		54・53	ライン川橋梁建設（2回）	
44	カエサル暗殺	46	カエサル 小麦無料配給15万人に	
27	帝政ローマ	22	アウグストゥス帝 穀物供給指揮権	
		2	アウグストゥス帝 小麦無料配給20万人に	
		ＢＣ１世紀末〜ＡＤ１世紀初	プテオリの 3本のトンネル完成	
AD	キリスト誕生	AD39	カリグラ帝、舟橋建設	
		46	クラウディウス港部分完成	
54−68	ネロ帝治世			
96〜180	5賢帝（ネルバ／トラヤヌス／ハドリアヌス／アントニヌス・ピウス／マルクス・アウレリウス）の時代	103〜105	トラヤヌス橋建設・完成	
		104〜106	アルカンタラ橋建設・完成	
		106〜113	トラヤヌス港建設・完成	
		117−138	ハドリアヌス帝治世 領土拡大政策放棄。帝国内巡視	
212	アントニヌス勅令			
293	ディオクレティアヌス帝らによる4分割統治制			
313	コンスタンティヌス帝、 キリスト教公認			
330	コンスタンティノープル遷都 （コンスタンティヌス帝）			
410	アラリクスによる ローマ略奪			
476	西ローマ帝国滅亡			

あとがき

古代ローマは現在のＥＵを凌ぐ大領土を、約五〇〇年もの長い間、保持していた。外敵に対抗し、領土内の人々に身の安全の保障と、食糧の確保をした結果である。これを実現するために、強力な軍事力は不可欠であるが、それは国家財政を逼迫させる恐れもあった。事実、二世紀から三世紀初頭、国家ローマの歳出の七～八割もが軍事費。その増大歯止めのため、軍団の急速移動を可能とした八万キロメートルにも達する幹線舗装道路の建設と、多くの植民市の建設。そして食糧の確保のため、国による港湾施設整備と、民間貨物船団へのインセンティブ供与の法を整備したのである。

道路について言えば、すでに紀元前四五〇年の十二表法で、道路幅の規定や、道路管理者の決定を行っている。そして、拙著『水道が語る古代ローマ繁栄史』に記しているように、ローマ幹線水道は、安全性を高めるため地下等に設置することで、外気に晒していない。さらに盗水や汚染等に罰金額を規定していた。古代ローマでは、このように高い品質の設定と、基準や罰則の制定が行われていたのである。一方江戸時代では、東海道ですら、舗装されたのは箱根越えだけであった。また玉川上水は開渠であったし、上水の汚染等に対する罰則は規定されていなかった。すなわち低い品質を可能とした、不明瞭な基準しかなかった。

江戸期以来の安全に対する低い品質や不明瞭な基準は、どうなっているのだろうか。平成二三年三月一一日に未曾有の大地震で、死者・行方不明者二万人という津波災害が発生した。国民を守る防波堤の基準がバラバラだったのが大きな原因である。「防潮堤の高さ、被災三県で差。津波の想定高さ『ばらばら』」との記事が、同年五月一四日の朝日新聞に掲載された。岩手県・宮城県・福島県の防波堤の設計対象が、各々、明治三陸津波・チリ沖地震津波・高潮であったのだ。さらに国は、「費用や環境に及ぼす影響、海岸や付近の土地の利用状況も考慮する」とあり、各都道府県に裁量の余地を認めていた。何故、国民を守るため、国が裁量余地のない高い基準をつくらなかったのであろうか。ハードもそして、避難のためのソフトも。

古代ローマの繁栄の原因の大きな要因に、前記したように領民の安全保障と、食糧確保がある。高い品質基準と明快な規則で、それを実現したのである。本書に記した示唆が、日本の繁栄のため役立てば、望外の喜びである。

最後に、本文の編集に当たりご尽力をいただいた、鹿島出版会の橋口聖一氏、三宮七重氏、その他ご協力いただいた皆様に謝意を表します。

二〇一一年六月

中川良隆

■参考文献

1 水道が語る古代ローマ繁栄史：中川良隆、鹿島出版会、二〇〇九年
2 風土：和辻哲郎、岩波文庫、一九七九年
3 古代のローマの水道：フロンティヌス、今井宏著訳、原書房、一九七六年
4 ウィトルーウィウス建築書：森田慶一訳註、東海大学出版会、一九七九年
5 プルータルク英雄伝：プルタコス著、河野与一訳、岩波文庫、一九五二〜一九五六年
6 プルタルコス英雄伝：プルタルコス著、村川賢太郎編、ちくま学芸文庫、一九九六年
7 年代記：タキトゥス著、國原吉之助訳、岩波文庫、一九八一年
8 プリニウスの博物誌：中野定男・中野美代・中野里美、雄山閣出版、一九八六年
9 ガリア戦記：カエサル著、国原吉之助訳、講談社学術文庫、一九九四年
10 技術の歴史：フォーブス著、田中実訳、岩波書店、一九七八年
11 技術の歴史四：チャールズ・シンガー他著、平田寛他訳、筑摩書房、一九六三年
12 ポン・デュ・ガール：ロズリン・モロー、二〇〇二年
13 都市—ローマ人はどのように都市をつくったか：デビッド・マコーレイ著、西川幸治訳、岩波書店、一九八〇年
14 古代ローマを知る辞典：長谷川岳男・樋脇博敏、東京堂出版、二〇〇五年
15 古代ローマ歴代誌：フィリップ・マティザック著、本村凌二監修、創元社、二〇〇四年
16 古代ローマ文化誌：C・フリーマン著、小林雅夫監訳、原書房、一九九六年
17 古代ローマの日常生活：ピエール・グリマル著、北野徹訳、白水社文庫クセジュ、二〇〇五年
18 古代ローマ帝国：吉村忠典、岩波新書、一九九七年
19 古代ローマ入門：サイモン・ジェイムズ著、阪本浩監修、あすなろ書房、二〇〇四年
20 古代ローマ：双葉社、二〇〇六年
21 古代のローマ：小林雅夫訳、平田寛監修、朝倉書店、一九八五年
22 古代ローマ軍団大百科：エイドリアン・ゴールズワーシー著、池田裕他訳、東洋書林、二〇〇五年
23 古代の旅の物語：ライオネル・カッソン著、小林雅夫監訳、原書房、一九九八年
24 古代の道：ヘルマン・シュライバー著、関楠生訳、河出書房新社、一九八九年
25 古代の技術（中）：フォーブス著、平田寛監訳、朝倉書店、二〇〇四年
26 古代の船と航海：ジャン・ルージェ著、酒井傳六訳、法政大学出版局、一九八二年
27 古代のエンジニアリング：J・G・ランデルズ、宮崎孝仁訳、久納孝彦監訳、地人書館、一九九五年
28 古代ギリシア・ローマの飢餓と食料供給：ピーター・ガンジィ著、松本宣郎、白水社、一九九八年
29 ローマの道の物語：藤原武、原書房、一九八五年
30 ローマ皇帝歴代史：クリス・スカー著、青柳正規監修、創元社、一九九八年
31 ローマ盛衰原因論：モンテスキュー著、井上幸治訳、中公クラッシクス、二〇〇八年
32 ローマ帝国：クリス・スカー著、吉村忠典監修、河出書房新社、一九九八年
33 ローマ帝国愚帝列伝：新保良明、講談社選書メチエ、二〇〇〇年
34 ローマ帝国衰亡史：エドワード・ギボン著、吉村忠典他訳、東京書籍、二〇〇四年
35 ローマ皇帝伝：スエトニウス著、国原吉之助訳、岩波文庫、一九八六年
36 ローマ盛衰原因論：モンテスキュー著、井上幸治訳、中公クラッシクス、二〇〇八年
37 ローマ人の世界：ロジェ・アヌーン他著、青柳正規監修、創元社、一九九六年
38 ローマ文明：ピエール・グリマル著、桐村泰次訳、論創社、二〇〇九年
39 ローマの古代都市：ピエール・グリマル著、北野徹訳、白水社文庫クセジュ、一九九五年
40 ローマ経済の考古学：ケヴィン・グリーン著、本村凌二監修、平凡社、一九九九年
41 ローマ人の物語（X）：塩野七生、新潮社、二〇〇一年
42 ローマ皇帝の使者中国に至る：ジャン・ノエル・ロベール著、伊藤晃他訳、大修館、一九九六年
43 ローマ皇帝ハドリアヌス：ステュワート・ペローン著、前田耕作監修、河出書房新社、二〇〇一年
44 ギリシャ案内記：パウサニアス著、馬場恵二訳、岩波文庫、一九九一年
45 ギリシア・ローマ盗賊綺譚、塚田孝雄、中央公論新社、二〇〇〇年
46 ギリシア・ローマ世界地誌、ストラボン著、飯尾都人訳、龍渓書舎、一九九四年
47 道：鈴木敏、技報堂出版、一九九八年
48 道の文化史：シュライバー著、関楠生訳、岩波書店、一九六二年

49 古の石畳「箱根旧街道」：松金伸、Civil Engineering Consultant Vol.234、二〇〇七年一月
50 おいしい古代ローマ物語（アッピウスの料理帳）：上田和子、原書房、二〇〇一年
51 世界を変えた六つの飲み物：トム・サタンデージ著、新井崇嗣、二〇〇七年
52 ワインの世界史：古賀守、中公新書、一九七五年
53 ガラスの中の古代ローマ：藤井慈子、春風社、二〇〇九年
54 エリュトゥラー海案内記：著者不詳、村川堅太郎訳、生活社、一九四四年
55 歴史：ヘロドトス著、松平千秋訳、岩波文庫、一九七二年
56 図解古代ローマ：スティーヴン・ビースティ著、倉嶋雅人訳、松原國師監訳、東京書籍、二〇〇四年
57 文化地理大百科「古代のローマ」平田寛監修、小林雅夫訳、朝倉書店、一九八五年
58 ポンペイ・グラフィティ：本村凌二、中公新書、一九九六年
59 ポンペイ・奇跡の町：ロベール・エティエンヌ著、弓削達監修、創元社、一九九一年
60 ポンペイの遺産：青柳正規監修、小学館、一九九九年
61 トルマルキオの饗宴：青柳正規、中公新書、一九九七年
62 ハドリアヌス帝：シモン・シュヴァリエ著、北野徹訳、白水社、二〇一〇年
63 ハプスブルグ帝国の情報メディア革命、菊池良生、集英社新書、二〇〇八年
64 土の文明史：ディビッド・モントゴメリー著、片岡夏美訳、築地書房、二〇一〇年
65 図説交易のヨーロッパ史：A・プレシ他著、高橋清徳訳、東洋書林、二〇〇〇年
66 文明の道③海と陸のシルクロード：本村凌二他、NHK出版、二〇〇三年
67 航海術：茂在寅男、中公新書、一九六七年
68 港の世界：高見玄一郎、朝日新聞社、一九八九年
69 地球 その不思議な世界：三木幸蔵、鹿島出版会、二〇〇四年
70 ROMAN BRITAIN – A NEW HISTORY: Guy de la Bedoyere, Thames & Hudson,2006
71 POMPEII: THE CITY THAT WAS BURIED IN 79 A.D.
72 Ancient Hellenistic and Roman Amphitheatres,Stadiums,and Theatres The Way They Look Now:Raymond G.Chase,Peter E.Randall Publisher,2002
73 Campi Flegrei:Massio D'Antonio.Finito di stampare nel mese di luglio.2003
74 STRADE ROMANE:Roberto Marcucci.L'ERMA di BRETSCHEIDER.2003
75 VIA DOMITIA :MSM.2006

■図・写真の出典

図20 参考文献69
図22 参考文献74
図24 参考文献70
図53 参考文献56
写真1、6 参考文献74
写真8 参考文献22
写真23 参考文献53
写真27 参考文献60
写真28、35 参考文献19
写真33 参考文献66

著者
中川良隆《なかがわ・よしたか》
昭和二二年 東京生まれ
昭和四四年 慶應義塾大学工学部機械工学科卒業
昭和四六年 大成建設株式会社入社
平成一五年 東洋大学工学部環境建設工学科教授
現在に至る
工学博士、技術士（建設部門）

［主な著書］
『建設マネジメント実務』山海堂
『ゴールデンゲート物語』『水道が語る古代ローマ繁栄史』鹿島出版会

交路からみる古代ローマ繁栄史
陸の道・河の道・海の道が古代ローマの繁栄をつくった

二〇一一年九月一〇日　第一刷発行

著者　中川良隆
発行者　鹿島光一
発行所　鹿島出版会　〒一〇四-〇〇二八　東京都中央区八重洲二-五-一四　電話 〇三（六二〇二）五二〇〇　振替 〇〇一六〇-二-一八〇八八三
デザイン　高木達樹（しまうまデザイン）
印刷・製本　三美印刷

ISBN978-4-306-09414-7　C0052　Printed in Japan　
本書の内容に関するご意見・ご感想は下記までお寄せください。　http://www.kajima-publishing.co.jp　info@kajima-publishing.co.jp